Fenicio Sabinto

Brief eines Cavaliers aus Spanien an einen Freund in Rom

3. Teil

Fenicio Sabinto

Brief eines Cavaliers aus Spanien an einen Freund in Rom
3. Teil

ISBN/EAN: 9783743405059

Hergestellt in Europa, USA, Kanada, Australien, Japan

Cover: Foto ©ninafisch / pixelio.de

Weitere Bücher finden Sie auf **www.hansebooks.com**

Brief
Eines
Cavaliers aus Spanien
An
Einen Freund in Rom,
Mit
Beylagen,
Für die Gesellschaft JEsu.
Dritter Theil.

Italiänisch herausgegeben zu Fossombrone 1760
Durch Johann Bottagrisi und seine Mitverleger.
Mit Genehmhaltung der Obern.

✼✼✼✼✼✼✼✼✼✼✼✼✼✼:✼✼✼✼✼✼:✼✼✼✼✼✼✼✼✼✼✼✼✼✼

Oberammergau in Bayern.
Verlegt von Martin Wagners sel. Erben.

Brief eines Cavaliers aus Spanien an einen Freund in Rom.

Je verlangen von mir zu wissen, wie es mit den Jesuiten in Portugall stehe: weil Sie glauben, die Nachbarschaft dieses Königreichs werde mir umständlichere und sicherere Nachrichten an die Hand gegeben haben. Vielmehr sollte ich mich bey ihnen erkundigen, was es mit diesen Geistlichen für eine Beschaffenheit habe. Alle geschriebene Blätter, welche von Rom hier anlangen, sind mit Neuigkeiten wider die Jesuiten erfüllet: und ich höre, es befinden sich gewisse Zeitungschreiber in Italien, welche diese Waaren zusammen kaufen, und ernähren sich ihrer viele auf diese Art, dieser mit Dichten, jener mit Sammlen und Drucken dessen, was ein andrer erfunden hat.

Ich untersuche die Ursachen nicht, warum der portugesische Hof die Jesuiten gestrafet habe. Die Zeit wird den Handel besser an das Licht bringen: unterdessen werde ich hierüber ein ehrerbiethiges Stillschweigen halten. Ihr habt beynahe an den Thoren der Stadt Rom sechshundert Jesuiten aus Portugall: ihr könnt mit ihnen umgehen, sie anhören, und sie selbsten über jene Anklagen befragen, welche in so vielen Büchern, wie Sie mir geschrieben, ganz Welschland überschwemmen. Wenn Sie auf solche Weise den einen, wie den andern Theil vernehmen, wird ihr Urtheil desto genauer ausfallen. Was mich betrift, kann ich weder mit den portugesischen Jesuiten sprechen, welche von mir so weit entfernet sind; noch jene Bücher lesen, welche ihre Beschuldigungen enthalten: weil unser Hof und die weltlichen hohen Stellen des Königreichs, zugleich auch die heilige Inquisition sammt allen Bischöfen, mit einhelligen Stimmen sie also scharf verbothen, daß eine sonst gewöhnliche Erlaubniß nicht genug ist, selbe lesen zu dürfen: so schädlich würden sie nach jedermanns Meynung diesen catholischen Ländern seyn. Ich sehe, daß es bey euch Italiänern nicht so frey zugeht, also daß ihr nicht mehr vonnöthen habt,

habt, Bücher wider die Jesuiten von Genf oder aus Holland kommen zu lassen.

Unangesehen dessen, weil ich Ihnen, mein Freund, doch eine Antwort schuldig bin, und aus dem Meinigen keine ertheilen kann: rathe ich Ihnen, Sie wollen Sich die von unsern Bischöfen aus Spanien an Seine glücklich regierende Heiligkeit erlassenen Sendschreiben anschaffen: worinnen Sie viel Neuigkeiten zu ihrem Vergnügen antreffen werden. Trachten Sie auch um eine Abschrift von den Briefen des verstorbenen Papsts Benedicti XIV, welche er an Seine Eminenz den Cardinal Saldanha geschrieben, als ihm die Vollmacht die Jesuiten zu reformiren ausgefertiget worden. Es giebt noch andre Urkunden, so wohl aus Spanien, als andren Provinzen, auch selbst aus Portugall, woraus viel schönes und vorwitziges zu ersehen ist. Ich habe ihrer eine große Anzahl beysammen: aber alle auf einmal zu schicken, will die Gelegenheit nicht leiden: neben dem, daß ich schon einen Aufsatz ausgezeichnet, eine Sammlung davon zu machen.

Begnügen Sie sich also mit diesen Beylagen, welche hier schon bekannt gemacht worden. Die erste ist eine Abschrift von den Acten des königlichen Raths, welcher den Befehl ergehen lassen, daß die wider die Jesuiten ausgegangnen Bücher durch des Henkers Hand verbrennet, und diejenigen gestraft werden sollen, welche den Verkauf davon befördern oder verschaffen: wie auch erfolget ist. Die zweyte Beylage ist der Befehl der heiligen Inquisition, wodurch eben dieselben Bücher verbothen werden. Es ist hier zu merken, daß dieses bey uns in Spanien vorgegangen nach schon ausgebrochener Klage wider die Jesuiten, als ob sie die Staaten der Kronen Spanien und Portugall in Indien an sich zu ziehen getrachtet hätten: da doch ihre Gegner vorgeben, gemeldte Klage wäre aus den geheimen Schriften beyder Kronen an das Licht gebracht worden. Die dritte ist ein offentliches Schreiben, welches auf Befehl Ihro Majestät der im verwichenen Herbstmonate regierenden königlichen Frau Mutter gedrucket worden. Diese Erklärung bringet den Jesuiten in Neu-Spanien eben so viel Ehre, als ihren Mitbrüdern in Paraguai jene andere Erklärung Königs Philipp V, welche der berühmte Italiäner Muratori in dem II Th. seiner paraquarischen Geschicht eingerücket. Die vierte ist ein Brief, welcher schon vor dreyßig Jahren in den Druck gekommen, und Sie in Verwunderung setzen wird wegen der Keckheit, mit welcher einige wider die Jesuiten ihre erdichtete Verleumbungen aussprengen. Unter andern wird ein Diebstahl von mehr Millionen angedeutet,

deutet, welche einem gewissen Ambrosio Guys sollen entwendet worden seyn. Und dennoch ist diese Lästerung aufs neue hervor gezogen worden. Ich glaube, wenn wir nach dreyßig Jahren noch bey Leben sind, wird der König Nicolaus mit seinen schönen Denkmünzen wieder auf der Bühne erscheinen. Wenn Sie einen Versuch thun wollen, mein Freund, sammlen Sie nur die Schriften, welche seit dreyßig Jahren in Rom herumgeflogen: so werden Sie sehen, daß Sie in ihrem Alter die Unkosten ersparen werden einiges Buch wider die Jesuiten mehr zu kaufen. Die fünfte Beylage ist ein geschriebener Brief, von welchem ich nur so viel zu sagen weiß, daß viel Abschriften desselben von Marseille in unterschiedlichen Seehäven unsers Königreiches angelanget sind. Sein Verfasser bildet die Verfolger der Jesuiten ab, und ist übel auf sie zu sprechen: er verspricht auch einen andren Brief von ihren Beschuldigungen, welchen ich Ihnen gleichfahls mitzutheilen nicht ermangeln werde, sobald er heraus kommt. Weil Sie doch ein Liebhaber dieser Sachen sind, belustigen Sie sich mit gegenwärtigen Beylagen, da ich inzwischen GOtt für Sie bitte, Dieselbe lang zu erhalten.

Erste Beylage.

Zeugniß von jenen Schriften, welche auf Befehl des königlichen Raths durch die Hand des Scharfrichters zu Madrid den 5 Apr. 1759 verbrannt worden.

An Seine Gnaden den Herrn Präsidenten des Raths.

JCh höre, es gehen am königlichen Hofe verschiedene gedruckte Blätter herum, welche von mir keine Erlaubniß haben, und, wie mich glaubwürdige und vernünftige Personen berichten, sehr schädlich, verleumderisch, und höchst ärgerlich sind. Ich habe allen außergerichtlichen Fleiß vergeblich angewendet, um zu entdecken, wo solche Schriften gedrucket worden, wer sie aufbehalte, verkaufe, oder austheile: so kann ich auch für mich selbst jene Mittel nicht vorkehren, welche vielleicht einen besseren Erfolg haben würden. Wenn dieses Geschäft, wie ich glaube, E. Gnaden von größter Wichtigkeit zu seyn gedunken wird, nicht nur für gegenwärtige Zeit, sondern auch wegen der Folgen, welche aus einem

nem jetzigen Stillschweigen ins künftige entstehen könnten, dafern man dem Uebel nicht bey Zeiten steuerte: wäre ich der Meynung, es würde gut seyn, wenn E. Gn. sich belieben ließen einen aus den Herren Räthen zu ernennen, und demselben diese Untersuchungen aufzutragen: zu welchem Ende ich ihm von nun an alle meine Gewalt ertheile, zu allen Stunden des Tags und der Nacht alle Buchdruckereyen dieses Hoflagers zu durchsuchen, ob nichts ohne Erlaubniß gedruckt oder nachgedruckt werde: damit man also die Buchdrucker in einer Furcht und Ungewißheit erhalte. Ich überlasse E. Gnaden in allem dasjenige anzuordnen, was Sie für das Beßte erachten werden. GOtt bewahre E. Gn. wie ich wünsche, und Ihnen die Hand küsse.

Madrid, den 16
Horn. 1759.

Euer Gnaden

geflissenster Diener

Don Johann Curiel.

Befehl des Raths-Präsidenten.

Madrid, den 19 Horn. 1759.

Diese Schrift, sammt den zwoen darinnen angezogenen Urkunden, gehen an Herrn Rath Don Ignaz Horcasitas, damit er die gehörigen und hier ausgedrückten Veranstaltungen vornehme.
Ist gesiegelt.

Act von Amts wegen.

In der Stadt Madrid, den 23 Horn. 1759, hat Don Janaz von Horcasitas, des Ritterordens von Calatrava, Mitglied des königlichen Raths, und Seiner Majestät Haus- und Hofrichter, also gesagt: Man hätte ihm im Namen des Herrn Bischofs und Raths-Präsidenten zwey in spanischer Sprache gedruckte Blätter eingelieferet, in welchen durch und durch ein verdammlicher Geist und verkehrtes Gemüth herausblicket, womit ihre unbekannte Verfasser zu verwunden und zu verdunkeln trachten den brinnenden unermüdeten Seeleneifer, mit welchem

der

Erste Beylage.

der heilige Ordensstand der Gesellschaft, ohne einige Abweichung von seiner ersten Einrichtung, mit vollkommener heiligen Nachahmung des glorwürdigen Stifters, allezeit das Heil und den geistlichen Nutzen der Seelen, und die Ausbreitung unseres heiligen catholischen Glaubens beförderet hat, und noch befördert: aus dessen Hasse und zum offenbaren Schaden das teuflische Mittel dieser und vieler dergleichen Schriften gebrauchet wird, um dadurch eine Abneigung von diesem so heiligen Orden auszubreiten, nicht ohne großen Nachtheil des Friedens, der Ruhe, und Einträchtigkeit der Kirche. So vermessenen und schädlichen Verbrechen Einhalt zu thun, und dem Willen des Herrn Bischofs und Raths-Präsidenten nachzukommen, hat Don Horcasita befohlen, auf das genaueste nach jenen Leuten zu forschen, in derer Häusern dergleichen Blätter verkauft oder ausgestreuet werden; auch nach den Buchdruckereyen, in welchen sie aufgelegt worden; mit Wegnehmung aller schon gedruckten Bogen, wo immer man derer einige antreffen wird. Und weil Don Horcasitas gute Kundschaft hat, daß Don Franz Xaveri Palomares, Beamter bey der königlichen Rentkammer, von einigen bey Hofe ausgesprengten Exemplaren Rechenschaft zu geben weiß: soll er Palomares vor ihm erscheinen, und sich hierüber verantworten: gleichwie alle übrige, welche gleichfahls erscheinen sollen, damit nach ihren Aussagen die gehörigen Anstalten gemacht werden können. Hiemit hat er diesen Act zu schließen befohlen, und gesiegelt.

Ist auch von mir gesiegelt.

Joseph Calvo von Varrionuevo.

Dieser Schrift zu Folge hat man ohne Verzug den nachdrucklichsten Fleiß angewandt, wie es besagter Don Horcasitas befohlen hatte: und haben seine Schreiber und Gerichtsbediente sich erkundiget, von wem solche Blätter gedruckt oder ausgetheilet worden, und in Durchsuchung der dasigen Buchdruckereyen weggenommen, was sie gefunden: worüber folgender Bericht erstattet worden.

Bericht.

IN der Stadt Madrid, den 28 Mårz 1759, hat Don Ignaz von Horcasitas, des Ritterordens von Calatrava, Mitglied des königlichen

III Theil. Brief eines Cavaliers aus Spanien.

lichen Raths, und Seiner Majestät Haus- und Hofrichter, auch Richter in gegenwärtigem Handel, also gesagt: den 16 Tag verwichenen Hornungs hat Don Johann Curiel, königlicher Rath, und Oberrichter über alle Buchdruckereyen des Königreichs, an den Herrn Bischof und Präsidenten des Raths ein Schreiben ergehen lassen, womit er zwo gedruckte Beylagen überschicket. Die erste führet den Titel: **Entdeckte Wahrheit**, durch **Cäsar Digner**, gedruckt in 8, und 87 Blätter stark. Das andere Stück ist, wie der Titel lautet, eine **Bittschrift** des P. Generals der Gesellschaft JESU an Seine Heiligkeit, auf einem halben Bogen in 4. Wobey Don Curiel gemeldet, es gehen an diesem Hoflager verschiedene gedruckte Blätter herum, welche von ihm keine Erlaubniß haben, und sehr schädlich, verleumderisch, und höchst ärgerlich sind: er habe zwar durch angewendeten außergerichtlichen Fleiß zu erfahren getrachtet, von wem sie gedruckt und ausgegeben worden, jedoch vergeblich: damit nun dergleichen Verbrechen durch das Stillschweigen der Oberkeit nicht bestärket werden, glaube er, es seye der Mühe werth, daß einem aus den Räthen aufgetragen werde, die Buchdruckereyen zu besuchen, und andre Nothwendigkeiten zu bestellen. Diesem Begehren zu willfahren, hat der Hochwürdigste Herr Bischoff den 19 Horn. wie der Rand der gemeldten Schrift erweiset, den Schluß gefasset, und dem Handel einen Anfang zu machen, die Schrift mit den gedruckten Beylagen mir Don Horcasitas zugeschicket, damit ich die gehörigen, und darinnen ausgedruckten Veranstaltungen vornehmen sollte. Dieses zu bewerkstelligen, habe ich die Acten in vier Abtheilungen, worinnen dieser Handel begriffen ist, abgefasset. Ich habe mich erkundiget, und habe gerichtlich verhöret Manuel von Elvira einen Buchbinder, und Bernhard Monroy einen Balbierergesellen: welche schuldig befunden worden, der erste, daß er des Nachts, und ohne von jemanden gesehen zu werden, mehr dann 600 Stücke eines Buchs in 4 eingebunden, dessen Titel ist: **Sendschriften des Ehrwürdigen Dieners GOttes, Don Johann von Palafox, Bischofs von Engelstadt in Mexico, an P. Horatius Carocchi, daßigen Provinzialen der Gesellschaft JESU.** Dieses Buch ist ohne einige Erlaubniß, ohne Namen des Orts und Buchdruckers, aufgeleget worden. Der andre hatte sich bey einer Zusammenkunft eingefunden, worinnen man von besagten in Madrid herumschleichenden Exemplaren redete, und sich freywillig angetragen sie aufzusuchen, und zu lieferen: wie er dann in der That verkaufet und ausgetragen hat fünf Lagen anderer Sendschriften des-

Erste Beylage.

deſſelben Herrn Biſchofs Johann von Palafox an P. Andreas von Rada Provinzialen beſagter Geſellſchaft in Mexico, in 2 Theilen in 8, mit obigen Mängeln gedruckt; ſammt zweyen Exemplaren der *Entdeckten Wahrheit Cäſars Digner*, eines von der heiligen Inquiſition verbothenen Buches. Nachdem ich nun einen genauen Auszug von allen zu dieſem Handel gehörigen Stücken gemacht, habe ich denſelben an den Herrn Biſchof und Präſidenten des Raths, und auf deſſen Befehl an Don Johann Curiel geſchickt, welcher ihn den 23 dieſes Monats gerichtlich durchgangen, wie am Ende der zweyten Abtheilung gegenwärtiger Acten zu erſehen iſt. Unter andern hat Don Curiel den ganzen Handel mir übergeben, ihn den Rechten gemäß fortzuführen, und jene Appellationen an den Rath anzunehmen, welche giltig werden befunden werden. Weil nun mit beſagten Manuel von Elvira und Bernhard Monroy alles nöthige vorgenommen worden, ſie ſelbſt ihre Schuld bekannt, und keinen weitern Aufſchub, Beweis, oder Ausnahme wider ihr eigenes Bekänntniß zu ſodern oder zu machen haben, wodurch ihr Verbrechen gemindert werden könnte: würde die Verlängerung des Handels zu nichts anderm dienen, als daß ſie weniger Gelindigkeit in ihrer Beſtrafung fühlen müßten. Man hat auch, wie es dann unumgänglich iſt, die Acten den Vertheidigern der Partheyen einzuhändigen beſchloſſen, damit jene Ordensgeiſtlichen ſie in ihren Zimmern ſehen können, derer Namen, Zunamen, und Orden in den Acten verzeichnet ſind, und nicht konnten verſchwiegen werden, theils weil ſonſt das Hauptwerk dieſes Handels hätte ausbleiben müſſen, theils weil dieſer aus ſeiner Weſenheit und ſeinen Umſtänden alle mögliche Kürze erfoderte: denn ſollte er lang hinausgezogen werden, iſt billich zu beförchten, eben jenes Mittel, welches die aus dieſen Schriften entſtandene Brunſt löſchen ſollte, werde ſie aufs neue anfachen: indem diejenigen, welche als Mithelfer der neuen Auflagen und des Verkaufs genennet werden, alle in dieſem Handel gethane Schritte mit allem vorgegangnen auf das genaueſte ausecken und durcharübeln worden. Was die Ordensgeiſtlichen anlanget, hat Don Johann Curiel hierüber ſein Zeugniß an den Herrn Biſchof und Präſidenten des Raths überſchicket: wie aus ſeiner Schrift erhellet, welche ſich in dieſen Acten eingetragen befindet. Beſagter Herr Biſchof aber hat ſie mit einem neuen Schreiben an Herrn Erzbiſchof von Laodicea, päpſtlichen Bothſchafter in dieſen Königreichen, begleitet, welches ebenfahls in unſern Acten befindlich iſt. Woraus noch weiter erſehen wird, wie beſagter Don Johann Curiel nach ſeinem Gutdunken die

die Exemplare gemeldter Büchlein an den Rath der höchsten und allgemeinen Inquisition überschicket. Hiemit ist in dem ganzen Handel nichts andres mehr zu thun übrig, als daß dem Manuel von Elvira und Bernhard Monroy ihre verdiente Strafe angethan, und von den aufgehobenen Exemplaren gesprochen werde, wie damit zu verfahren sey. Nach den Reichsgesetzen zwar machen sich die Buchdrucker und Verkäufer verbothener oder ohne nöthige Erlaubniß an das Licht kommender Bücher des Todes schuldig: jedoch ist solches in Fällen, welche kein größeres Verbrechen als gegenwärtiger in sich halten, noch niemals vollzogen worden: und sagen die zween Schuldigen aus, ein so scharfes Verboth wäre ihnen unbekannt gewesen. Sintemal dann, in Betrachtung aller Umstände dieses Handels, eine gelindere außerordentliche Strafe zu erwählen nöthig ist, fälle ich den Acten gemäß folgendes Urtheil: Weil Bernhard Monroy sich freywillig angetragen zu verkaufen, und in der That verkaufet und ausgebracht hat fünf Lagen Sendschriften Herrn Bischofs von Palafox an P. Andreas von Rada, welche verbothene Schriften sind, weil sie weder einige Erlaubniß, noch die Namen des Orts oder Buchdruckers haben; sammt zweyen Exemplaren der *Entdeckten Wahrheit Cäsars Dignet*, eines lateinischen von der heiligen Inquisition verbothenen Buches, welches er zwar seinem Vorgeben nach nicht gewußt hat: weil er auch in seinen ersten Antworten wider die Wahrheit und Pflicht seines Eides gehandelt: habe ich ihn verdammet, und verdamme ihn hiemit, daß er auf vier Jahre lang aus dieser königlichen Hauptstadt, dem Hoflager und aller Zugehör rings herum zehn Meilen weit verbannet seyn solle; zwey Jahre ohne Erlassung, die andren zwey nach Gutachten des königlichen Rathes: den Manuel von Elvira betreffend, weil erwiesen und von ihm bekennet ist, daß er seit mehr als vier Jahren sechshundert Bücher Sendschreiben besagten Herrn von Palafox an den P. Horatius Carocchi eingebunden, welches ihm verbothen war, weil sie ohne gehörige Erlaubniß gedruckt waren: weil er jedoch hievon keinen andern Nutzen als seinen Buchbinderlohn gehabt, und selbiger Zeit die Buchbinder noch nicht so wohl als jetzt berichtet waren, wie schwere Strafen sie hiedurch verdienen: hingegen weil auch er in den ersten Antworten die Wahrheit verletzet: habe ich ihn verdammet, und verdamme ihn hiemit, daß er auf zwey Jahre ebenmäßig verwiesen seyn solle, ein Jahr ohne Erlassung, und das andere wie oben. Sie sollen auch beyde die Unkosten ihres ganzen Handels bezahlen; und wofern sie das auferlegte Verboth nicht hielten, in doppelte Strafe verfallen seyn. Die Bücher aber,

welche

Erste Beylage.

welche laut der Acten weggenommen worden, sollen vermög besagter königlichen Verordnungen öffentlich durch die Hand des Nachrichters in meiner Gegenwart verbrannt werden, wozu ich Tag und Stunde benennen werde. Dieses Urtheil soll vor seiner Vollziehung vor Seiner Majestät von den Herren Räthen des zweyten Regierungsaals, welchen es von Amts wegen zukommet, überlegt werden: derowegen auch denselben das Original mit den Auszügen des Handels und gemeldten Büchern bey der gehörigen Stelle überantwortet werden soll. Die Einlieferung wird von gegenwärtigem Amtsschreiber größerer Sicherheit halben durch seine Handschrift bezeuget werden. Alles dieses hat Don Horcasitas gesprochen, und unterschrieben.

Don Ignaz von Horcasitas.

Joseph Calvo von Varrionuevo.

Den 4 Apr. ist es den Herren Räthen vorgeleget worden, und das Schlußurtheil folgendes Innhalts ergangen.

Schlußurtheil.

Madrid den 4 Apr. 1759. Die Herren der ersten und zweyten Regierung: Adorno: Figeroa: Montoya: Matta. Das von dem Richter dieses Handels Don Ignaz von Horcasitas abgefaßte Urtheil wird hiemit in allem durchaus bestättiget, und ihm zur Vollstreckung überlassen. Ist gesiegelt.

Diesen Urtheilen gemäß sind noch selbigen Tag Manuel von Elvira und Bernhard Monroy aus dem Kerker geführt und verwiesen worden: über die Bücher aber ward folgendes Urtheil geschrieben.

Spruch des Richters.

In der Stadt Madrid, den 4 Apr. 1759, hat Herr Richter Don Ignaz von Horcasitas also gesprochen: Demjenigen zu Folge, was durch meinen Bericht den 28 März beschlossen, und von den Herren Räthen bestättiget worden, sollen auf morgigen Tag, den fünften dieses Monats,

III Theil. Brief eines Cavaliers aus Spanien.

um eilf Uhr, vor dem Kerker des königlichen Hofs durch des Henkers Hand in ein angezündetes Feuer geworfen werden folgende Bücher und gedruckte Blätter, welche zu diesem Handel gehören. Ein Exemplar der *Entdeckten Wahrheit Cäsars Digner*, welches Buch von der heiligen Inquisition verbothen, ohne einige nothwendige Erlaubniß gedruckt, überaus nachtheilig, schädlich, und höchst ärgerlich ist wider den heiligen Ordensstand der Gesellschaft JESU, einen so ehrwürdigen, nützlichen, und um die Kirche wohlverdienten Stand. Ferner eine Lage Sendschriften, welche den Namen führen von Don Johann von Palafox an P. Andreas von Rada, in 2 Theilen in 8, wegen des Abgangs der nöthigen Erlaubniß, und der übrigen oben angeführten Ursachen. Eben deswegen auch der sogenannte Abriß der Landschaft Paraguai in 4 Exemplaren; und die auf einen halben Bogen in 4 gedruckte Bittschrift, unter dem vorgegebenen Namen des P. Generals der Gesellschaft JESU an Seine Heiligkeit. Dieses wird geschehen in meiner Anwesenheit: wobey sich auch der Amtsschreiber und seine Gerichtsbediente so lang einfinden werden, bis alles zu Aschen gemacht seyn wird. Zu größerer Sicherheit soll alles schriftlich den Acten beygesetzet werden. Also hat Don Horcasitas gesprochen, und sein Siegel beygedrucket.
Ist gesiegelt.
Joseph Calvo von Varrionuevo.

Daß das gemeldte Urtheil in Gegenwart einer unzähligen Menge Volkes nach allen seinen Umständen vollzogen worden, und daß alles bisher beygebrachte sich in der That also in den ursprünglichen Acten befinde: bezeugen mit ihrer Handschrift, und beygedruckten Siegeln,

Joseph Calvo von Varrionuevo;

und drey königliche Notarien,

Joseph Cälestin Alvarez,
Johann von Castillo und Pinedo,
Dominicus Joseph Romero.

Zweyte Beylage.

Befehl der heiligen Inquisition.

Wir Don Emmanuel Quintan Bonifacius, von GOttes und des heiligen apostolischen Stuhls Gnaden Erzbischof von Pharsalien, General Inquisitor in allen Königreichen und Staaten Seiner Catholischen Majestät, auch Höchstderselben Rath und Beichtvater. Allen Christglaubigen, welches Amts und Standes sie seyn mögen, unsern Gruß und wahre Glückseligkeit in dem HErrn. Wir haben mit dem empfindlichsten Schmerzen unsers Herzens ersehen müssen, daß von einer Zeit her in dieser Gegend viele überaus abscheuliche Schriften, ohne alle oder mit falschen Namen der Verfasser, ohne Erlaubniß, und ohne Ort des Drucks, ausgesprenget werden: welche allein dahin angesehen sind, das Unkraut auszusäen, Uneinigkeiten zu ernähren, den Frieden der Seelen und die Gewissensruhe zu verwirren, sonderlich aber den heiligen Orden der Gesellschaft JESU und die Geistliche um ihr Ansehen zu bringen, welche sich mit offenbarem Nutzen der Kirche zu diesem löblichen Stande bekennen. Wodurch die schuldige Ehrerbiethung und Unterthänigkeit außer Augen gesetzet wird, so wohl gegen den hochheiligen Kirchenrath zu Trient, als die obersten Kirchenhäupter, Paulum III, Julium III, und beyde Gregorios XIII und XIV, welche in ihren Bullen diese Gesellschaft gutgeheißen, und unter dem Kirchenbanne, der Untüchtigkeit, und andern schweresten Strafen, welchen man auch ohne richterlichen Ausspruch unterworfen seyn sollte, sie zu bestreiten verbothen haben. So hat man auch hierinnen keine Acht gehabt auf unsre Vorfahren, die Herren General-Vorsteher der Inquisition, Don Antonio Sotomayor in seiner Verordnung vom 9 Märtz 1634, Don Diego Sarmiento von Valladares vom 28 Brachmon. 1638, Don Thomas von Roccaberti vom 12 Märtz 1696, und Don Franz Perez von Prado vom 6 Brachmon. 1747. Alle diese sind der väterlichen Sorgfalt der apostolischen Vorsteher nachgefolget, und haben sich eifrig beflissen, die einhellige Liebe, die Eintracht zwischen den Glaubigen, die Hochschätzung der GOtt geweihten Stände, den Werth und wohlverdienten Preis ihrer Mitglieder zu erhalten. Dieses zu erreichen, haben sie öfters und unter den schärfesten Kirchenstrafen befohlen, man sollte keine Schriften herausgeben, welche den Frieden ſtören, und die geiſtlichen Orden und Perſonen anſchwärzen und verletzen. Deſſen ungeachtet erfahren wir, daß dergleichen Werke der Finſterniß, mit zaumloſer Frechheit, wider den ſchuldigen Gehorſam, mit hoffärtiger Verachtung aller Geſetze, und Hindanſetzung der Furcht GOttes, ſich von Zeit zu Zeit vermehren. Um deſſentwillen wir angetrieben von unſrer Pflicht, und von dem Verlangen, die Folgen ſo ſchädlicher Schriften zu verhindern, und die Vermeſſenheit derer zurück zu halten, welche mit ſo weniger Furcht GOttes dergleichen ſchreiben, herausgeben, drucken, und ausbreiten, nicht ohne öffentliche Verachtung der Bußen und Kirchenſtrafen, welche in beſagten Bullen und Verordnungen der heiligen Inquiſition auferlegt werden, indem ſie durch ein ſo entſetzliches Verbrechen freywillig in die Gerichtbarkeit dieſes geheiligten Amts verfallen: um deſſentwillen, ſpreche ich, haben wir nach Gutachten und mit Einwilligung der königlichen Herren Räthe dieſer heiligen allgemeinen Inquiſition den Schluß gefaßt zu verbiethen, und verbiethen wirklich, folgende Bücher und Blätter:

1. Ein ohne Erlaubniß und ohne Benennung des Orts gedrucktes Büchlein, unter dem Titel: „Cäſars Digner entdeckte Wahrheit, „oder Critiſche Erörterung eines Schreibens, welches auf Anſtiftung „der Jeſuiten von dem Capitel zu Coimbra an Papſt Urbanum VIII er- „gangen. Aus dem Lateiniſchen in das Spaniſche überſetzt ... nach der „urſprünglichen Auflage von Venedig bey Georg Foller 1646.„ Weil dieſes Werklein ſchon vorhin in lateiniſcher Sprache durch eine Verordnung 1657 verbothen worden, als ärgerlich, dem Frieden zuwider, voller Lügen und gräulichen Verleumdungen der heiligen Geſellſchaft JESU: und weil es nur in der Abſicht überſetzet und gedruckt worden, dieſen Orden zu beſchimpfen, und bey den Gläubigen ſeiner Hochſchätzung zu berauben.

2. Zwey Büchlein in 12. Der Titel des erſten iſt dieſer: „Send- „ſchriften des Ehrwürdigen Dieners GOttes Don Johann von Palafox „und Mendoza, Biſchofs von Engelſtadt, an P. Andreas von Rada, „Provinzial der Geſellſchaft JESU in Mexico, ſammt deſſen Antwor- „ten an den Herrn Biſchof, und andern Merkwürdigkeiten... an das „Licht gegeben durch Thomas Vaſcencellos. „ Der Ort des Drucks wird fälſchlich angegeben, Rom 1700. Der Titel des zweyten Büchleins iſt: Fortſetzung dieſer Sendſchriften. Denn obſchon dieſe Sendſchreiben auf geſchehene Unterſuchung keines weſentlichen Fehlers wider die geſunde Gottesgelehrtheit ſchuldig befunden worden: ſo ſind ſie doch ohne gehörige

Zweyte Beylage.

Erlaubniß gedruckt, und wider die Regeln der Bücherordnung, alte schon geendigte Strittigkeiten zu erneuern, und nur zu dem Ende den oben genannten heiligen Ordensstand zu lästern, und unter den Christglaubigen verächtlich zu machen, wider die Meynung und den guten Nachruhm jenes Bischofs, welchem sie zugeschrieben werden, und dessen Ehre wir hiedurch keineswegs zu schmählern oder durch gegenwärtiges Geboth zu vernachtheilen gedenken. Nicht minder verbiethen wir das erste dieser Büchlein deswegen, weil vom 9 Capitel 78 Bl. noch anderer Verfasser Schriften beygedruckt sind, derer Titel also lauten: 1) „Bittschrift, „welche Seiner Majestät übergeben worden von den Glaubigern der hoch„wichtigen Schuld, von welcher Don Palafox in seinem Schreiben an „Papst Innocentium X meldet; wider das Collegium der Gesellschaft „JESU in der Stadt Sevilien.„ 2) „Bericht von der seltsamen „Begebenheit, vermittelst welcher Don Johann von Santelices Guevara „königlicher Rath die Falschheiten und Betrügereyen entdecket hat, welche „die Jesuiten des Collegii von dem heiligen Hermenegild genannt in der „Stadt Sevilien wider Don Rodrigo Barba Cabeza von Baca ange„sponnen,„ 3) „Brief des königlichen Herrn Raths Don Rodrigo „Serrano und Crillo, an Herrn Marggrafen von Zafra zu Saoria, in „welchem er ihm auf sein Schreiben antwortet, von seiner Anwesenheit „bey der letzten Krankheit, dem Hinscheiden, und der Beerdigung des „hochwürdigsten Bischofs Palafox 1659„ Dieses letzte Stück füllet das ganze zweyte Buch ein, und laufet bis an dessen Ende: alle drey aber sind ärgerlich, ehrenrührig, und sehr ungerecht wider den besagten Orden der Gesellschaft.

3. Ein Buch in 4, welches dem Titel nach soll gedruckt seyn zu Löven bey Aegidius Denique 1713, unter dem Titel: „Brief des Hochwürdigsten „Bischofs und großen Dieners GOttes Don Johann von Palafox an P. „Horatius Carocchi Obern des Profeßhauses der Gesellschaft JESU.„ Der Anfang dieses Briefs ist: Es ist sechs Jahre und darüber, Ehrwürdiger Pater. Der Beschluß aber: Engelstadt, den 23 May 1647. Wird verbothen aus eben den Ursachen, welche oben bey den Briefen dieses Bischofs angereget worden.

4. Ein Stück Papier von 2 Blättern in 4, worauf ohne Erlaubniß und Benennung des Orts gedruckt ist eine Bittschrift des Generals der Jesuiten an Seine Heiligkeit, vom 31 Heumon. 1758 aus dem Italiänischen in das Spanische übersetzt, und ein Gutachten der Congregation
über

über den Innhalt dieser Bittschrift, nachdem sie auf Befehl Seiner Heiligkeit von derselben untersuchet worden. Weil dieses Gutachten der heiligen Congregation, welcher Namen nicht ausgedrücket ist, fälschlich beygemessen wird, und in dem einzigen Vorhaben herausgegeben worden, damit Uneinigkeiten zu stiften und zu entzünden.

5. Ein andres Papier von 2 Halbbogen, auch ohne Erlaubniß und Ort, mit dem Titel: „Brief eines portugesischen Ministers aus Lisabon „an einen guten Freund an dem Hofe zu Madrid, worinnen ein kurzer „Bericht ertheilet wird von den letzten Thaten und Begebenheiten der Je„suiten in Portugall.„ Weil diese Schrift mit keiner Erlaubniß oder Guthißung versehen ist, und falsche, aufrührische, auch solche Sätze in sich hat, die den Frieden stöhren, und den heiligen Ordensstand der Gesellschaft JESU unbillig beleidigen.

6. Ein andres Stück, es sey geschrieben, oder gedruckt, wie und wo man es immer finden wird, also betitelt: „Ursachen und Beweg„gründe des Königs in Portugall die Geistlichen der Gesellschaft JE„SU aus seinem Hoflager zu vertreiben, ihnen den Beichtstuhl zu unter„sagen, u. dgl. m. fanget also an: Die Gesellschaft JESU. Weil es voller falschen, ärgerlichen, verleumderischen, und die Gesellschaft JESU unbillig verletzenden Sprüche ist.

7. Ein Buch in 8 unter dem Titel; „Solipsische Monarchie ur„sprünglich lateinisch beschrieben von P. Melchior Inchofer der Gesellschaft „JESU; in das französische übersetzet. Mit Anmerkungen, und berichie„denen wichtigen hiezu gehörigen Stücken. Amsterdam, bey Hermann „Uytwere, 1754.„ Neben den Anmerkungen, sind noch folgende Abhandlungen angehänget: 1) „Grundriß der Regierart der Jesuiten. 2) „Bittschriften an Papst Clemens VIII. 3) Bericht an die Fürsten von „der Lebensart der Jesuiten: aus dem Italiänischen übersetzt. 4) Aus„zug aus dem Werke des P. Johann Mariana von jenen Dingen, welche „in der Gesellschaft JESU eine Verbesserung erfodern.„ Weil dieses Werk sammt seinen Anhängen den besagten Verfassern fälschlich angedichtet, schon vorhin durch mehr Verordnungen der heiligen Inquisition verbothen ist, und so wohl in den neuen Anmerkungen zur Vorrede, als in den übrigen Theilen viel Reden vorkommen, welche theils falsch, verleumderisch, und vermessen; theils mit einer Irrlehre angestecket sind, oder nach Ketzerey riechen; theils den Orden der Gesellschaft JESU oder ihre Mitglieder wider Recht antasten.

Alle

Zweyte Beylage

:r und Schriften haben wir zu verbiethen und aufzuhe-
aß niemand sie verkaufen, lesen, oder bey sich aufbehal-
oder geschrieben, in was immer für einer Sprache, von
r Auflage; auch die nicht ausgenommen, welche sonst
rbothene Bücher zu lesen. Die Erfahrenheit hat uns
ian dergleichen Bücher und Schriften zu misbrauchen
wider den Willen der Obern aus der Verwahrung
ifs neue gedruckt oder abgeschrieben wieder auskommen
ubiegen, verbiethen wir, sie unter den Büchern einiger
1, Ordenshäuser, Klöster, hoher Schulen, offentlicher
en, mit was für Privilegien und Erlaubnißen verbothe-
und zu bewahren sie auch begabt seyn mögen, zu behal-
n. Und dieses unter Strafe des großen Kirchenbanns,
) dreymaliger rechtmäßigen Ermahnung ohne richter-
sich selbst verfallen seyn soll; und 200 Ducaten, für die
n Inquisition zu erlegen. Ebenfahls befehlen wir, unter
n Kirchenbanns, wie oben, und den übrigen Strafen,
gen auf die Gönner und Hehler der Schuldigen dieses
agen sind, daß innerhalb sechs Tagen von der Ver-
efehls anzurechnen, welche wir für die drey Fristen
scheidende Frist mit gezählt, alle diejenigen, welche
iben, wer der wahre Verfasser eines oder einiger aus
Schriften seyn, wie auch wer sie drucken oder nach-
ie gedruckt, eingebunden, verkauft, oder ausgebracht,
Inquisition einstellen, und innerhalb besagter Zeit
wie auch, daß in eben der Frist von sechs Tagen,
Strafen, wer immer solche Schriften hat, sie zu den
Beamten der heiligen Inquisition bringe, aufweise,
ere namhaft mache, welche dergleichen haben und ver-
er jemand diesem zuwider handeln, und bis zu Ende
widerholten rechtmäßigen Ermahnungen, sich hart-
s vorgeschriebene zu thun und zu erfüllen: wider
en wir jetzt für damals, und damals für jetzt, spre-
rtheil des großen Kirchenbanns, und halten densel-
nelbte Strafen verfallen, mit der Ermahnung,
ie Vollziehung selbst vornehmen werden, wie es das
et. Dieses zu bezeugen, befehlen wir auszugeben,

C und

und geben wirklich aus, dieses unser Verboth, mit unserm Namen unterschrieben, mit unserm Siegel verwahret, und durch den unterschriebenen Secretär des königlichen Raths der heiligen allgemeinen Inquisition registriret. Villaviciosa, den 13 May 1759.

Emmanuel Erzbischof und General Inquisitor.
Don Johann von Abizegni,
Secretär des Raths.

Dritte Beylage,
Königliche Erklärung für die Jesuiten.
Der König,
Königinn Regentinn.

Ehrwürdiger und Andächtiger Pater Provinzial der Gesellschaft JEsu in Neu Spanien. Der Vorgänger unseres jetzigen Unterkönigs in Neu Spanien hatte in einem Schreiben vom 3 Heumon. 1753 versprochen, die ganzen Acten der Friedensstiftung zu überschicken, durch welche die 1751 entstandene Aufruhr der Indianer in Pimeria Alta in der Provinz Sonora, unter Anführung eines Indianers mit Namen Ludwig, gestillet worden. Weil aber diese Acten in der That nicht angelanget, haben wir den 18 Weinmon. 1755 einen königlichen Befehl an den wirklichen Unterkönig daselbst abgeschicket, weil wir die genaue Nachricht von der wahren Quelle jener Empörung, welche wir zu wissen verlangten, noch nicht hatten. Den wahren Ursprung nun zu entdecken, haben wir ihm befohlen, er solle in gehöriger Stille und mit aller möglichen Behutsamkeit sich dieser Begebenheit bey solchen Leuten erkundigen, welche die glaubwürdigsten sind, die Sachen gleichgiltig ansehen, und ihrer gute Kundschaft haben. Wenn er die Acten über diesen Zufall beysammen haben würde, solle er sie hieher übermachen, und uns zugleich berichten, was ihm ferner begegnet, und was seine Meynung hierüber sey. Jedoch dieses alles mit dem Bedinge, wenn sichs auf eine so

Dritte Beylage.

geschickte Art untersuchen lasset, daß die Gemüther der gewesenen Aufrührer nicht aufs neue verbittert werden. Dieser unsrer Verordnung zu Folge hat er uns mit einem Schreiben unterm 23. Herbstm. verwichenen Jahrs (1758) alle Acten zugeschickt; so wohl die, welche der Oberste Don Diego Ortiz Parilla gesammlet hatte, als er zur Zeit der Aufruhr Landshauptmann in Sonora war; als jene, welche nachmals in der Stadt Mexico verfertiget worden. Er hat uns auch die Ursachen vorgestellet, warum diese Schriften bis jetzo in der Canzley seiner Regierung zuruck gehalten worden; und uns in einer so wichtigen, und weit aussehenden Begebenheit ein gänzliches und vollkommenes Vergnügen gegeben. Man sieht aus den geheimen von ihm angestellten Nachfragen, und aus den Wirkungen selbst, welche man vom Jahre 1751 erfahren, da sich die Meuterey zugetragen, daß die Friedenshandlung kräftig und dauerhaft gewesen, weil seit dieser Zeit nicht die mindeste Bewegung unter den Völkern Primi Alti gespüret worden. Aus welchem erhellet, daß die Erfindung des Landshauptmanns Parilla klug und bequem gewesen sie zu voriger Einigkeit zu bringen, da er dem Indianer Ludwig ein gewisses Ehrenzeichen gestattet: sintemal dieser der erste Anführer aller übrigen war, auf dessen Ansehen und Wort alle Acht hatten: daher es nothwendig war ihn zu gewinnen, damit man auch seine Anhänger gewinnen möchte. Dem ist noch beyzusetzen, was sich aus den letzten heimlich gesammleten Acten des Unterkönigs zeiget, welche in allem durchaus übereinkommen mit der Nachricht des wirklichen Landshauptmanns in Sonora und Sanaloa, Don Johanns von Mendoza, eines wahrhaftigen und unparteyischen Mannes: daß nämlich der Ursprung und die Ursache der entstandenen Verwirrung gewesen sey die übermäßige Trägheit, angebohrne Hoffart, und höchste Neigung zum Stehlen der Indianer selbsten; wodurch sie leichtlich in Aufruhr gerathen, so oft sich eine Gelegenheit ereignet, nach Gewohnheit zu trotzen: hingegen daß die Missionarien der Gesellschaft JESU, von welchen man anfänglich ausgesprenget hatte, als hätten sie Anlaß zu den Unruhen gegeben, weil sie die Indianer übel gehalten und hart gestrafet hätten; nicht nur ihnen keine einige Gelegenheit des geringsten Widerwillens gegeben, sondern sie allezeit mit höchster Liebe gehalten, und noch halten, sie unterrichten, ihnen in ihren Nothwendigkeiten beyspringen, alle mögliche Gutthaten ihnen erweisen: wie noch ferner zu ersehen ist aus der Nachricht gemeldten Landshauptmanns

III Theil. Brief eines Cavaliers aus Spanien.

manns Don Johanns von Mendoza, welche unser Unterkönig sammt allem dem hieher gesendet, was sich hierinnen von Anbeginn zugetragen, damit wir nach unserm Gutdunken das Gehörige veranstalten mögen. Nachdem unsre Indianische Rathsversammlung alles erwogen, was der Unterkönig geschrieben, was schon vorhin dieses Geschäft betreffend abgehandelt war worden, was unser Fiscal vorgestellet, was der vorige P. Provincial den 15 Aug. 1753 von der Vollziehung des königlichen Befehls vom 15 Weinm. 1752 berichtet: hat man erkannt, daß man dem Don Diego Ortiz Parilla nicht zur Last legen könne jenes Geschrey, welches sich Anfangs erhoben, als hätten eure Missionarien den Aufstand verursachet: weil er Landshauptmann nichts anderes gethan, als daß er die Antworten der Aufrührer selbsten empfangen, ohne von dem seinigen beyzusetzen, ob sie wahr oder falsch wären. Derowegen erklären wir eben diesen Tag durch einen Befehl an unsern Unterkönig, er habe wohl gethan, daß er die Klage eurer Gesellschaft wider besagten Don Diego nicht vor sich gehen lassen: und solches um desto mehr, weil die Ruhe unter den Indianern schon vollkommen hergestellet, die Wahrheit entdecket, und der Seeleneifer, der nachdrückliche Fleiß, und die christliche Liebe vor jedermanns Augen ist, womit eure Missionarien in jenen Ländern ihrer apostolischen Pflicht genug gethan, und thun: indem so gar zween aus ihrem Mittel, mit Namen Thomas Tello, und Heinrich Roban, aus Gelegenheit dieser Aufruhr einen gewaltsamen Tod erlitten, weil sie den Indianern ihre Laster verwiesen hatten. In Betrachtung alles dessen, und damit von diesem Handel niemals mehr einige Meldung gethan werde, beschließe ich ihn hiemit, mit Auferlegung eines immerwährenden Stillschweigens, und Gutheißung aller Anstalten, welche der Unterkönig und sein Vorgänger in der Friedensstiftung mit den Indianern, wie auch zu Beschirmung und zur Sicherheit der Missionarien gemacht haben. Alles dieses haben wir auch euch bekannt machen wollen, mit der Versicherung unsrer gänzlichen Zufriedenheit mit der Aufführung und dem Eifer, womit eure evangelische Arbeiter sich bestreben, und dem geistlichen Nutzen der ihnen anvertrauten Seelen sich widmen: wie wir dann auch ein sehr lebhaftes Mitleiden und Misfallen tragen wegen des grausamen Tods, welchen die zween gemeldten Ordensmänner von
den

den Händen der Indianer ausgestanden. Gegeben zu Buenretiro, den 27 Herbstmon. 1759.

Ich die Königinn.

Auf Befehl Jhro Majestät
Don Joseph Ignaz von Goyeneche.

Daß dieses mit der Originalschrift, welche mit dreyen königlichen Siegeln verwahret ist, genau übereinkommet, bezeuge ich auf Begehren des Hochw. P. Ignaz Altamirano General Procurators der Provinz Mexico der Gesellschaft JESU. Madrid, den 23 Wintermon. 1759.

Joseph Anton Gaviria,
Apostolischer Notarius.

Vierte Beylage,

Abschrift eines Briefes, welchen P. Peter Chamillard der Gesellschaft JESU aus Paris an einen guten Freund geschrieben, über den ausgebreiteten Ruf, er wäre als ein Appellant gestorben.

Mein Herr,

Ich bin Ihnen der Mühe halben verbunden, welche Sie sich wegen meiner gegeben: und kann nicht anders als mit dankbarem Herzen von ihnen annehmen, daß sie aus Liebe gegen einen alten Freund den Verlurst bedauret, den Sie durch meinen Tod gelitten zu haben vermeynet; zugleich aber so viel Schätzung von mir beybehalten, daß Sie die verhaßten Umstände nicht geglaubt, mit welchen man meinen Tod und meine Begräbniß begleitet. Jedoch kommet mir keineswegs verwunderlich vor, daß einige aus denjenigen, welchen ich unbekannt bin, mir nicht ein gleiches Recht haben widerfahren lassen:

denn

denn es ist nicht so leicht zu begreifen, wie weit sich die Unverschämtheit jener Parthey erstrecke, welche unsrer Zeit die Kirchen in Frankreich beunruhiget; und es ist schwer, sich genugsam zu verwahren wider gewisse besondre Erzählungen, welche mit aller Sicherheit bekräftiget, und der Welt angekündiget werden aus eben jener Stadt, welche ihre Falschheit mit der allerhellesten Augenscheinlichkeit noch in ihrer Geburt ersticken sollte, wenn sie der Wahrheit nicht gemäß sind. Ich wohne wirklich hier in Paris, und versehe das Amt eines Priesters und Beichtvaters täglich und offentlich: und dennoch haben die Jansenisten die Keckheit gehabt, aus eben dieser Stadt in das ganze Königreich, ja auch in fremde Länder auszusprengen, ich wäre gestorben als Appellant, und als doppelter Appellant; den Ort meines Grabes zu bestimmen, hätten sich große Strittigkeiten ereignet zwischen den Jesuiten, welche der Constitution anhangen, und andern ihren Mitbrüdern, welche diese Herren aus eitel Bosheit für Gegner der Bulle ausgeben; die zwo Partheyen wären mit einander so gar in ein Handgemenge gerathen; der General Leutenant der Regierung hätte die römisch-gesinnten Jesuiten mit seiner Macht unterstützet, und durch dessen Beystand hätten diese das Feld erhalten; hiemit wäre ich des geweihten Erdreichs beraubet, und in den Garten begraben worden. Dieß sind die Farben, mit welchen man das Gedicht in Paris entworfen.

In Holland ist die Schilderey noch schöner ausgemahlen worden. Der überaus elende Verfasser der Nachlese (*le Glaneur*) hat mich mit allen Ceremonien heilig gesprochen. Nach der Erzählung, daß ich als ein Appellant gestorben, begrabt er mich deswegen, nicht in den Garten, sondern in den Keller; und setzet mich unter die Heiligen, an die Seite des Herrn Paris: er bezeuget, daß ich nicht weniger Mirakel wirke, als mein Mitheiliger: er lasset aus meinem Grabe durch das Kellerloch unaufhörlich einen wohlriechenden und gutthätigen Duft in die Höhe steigen, welcher die Kraft hat, auch die eingewurzeltesten Krankheiten des Leibs und der Seele zu heilen. Er weiß so gar einige aus diesen Wunderwerken umständlich zu erzählen, welche er für ganz gewiß ausgiebet. Es ist immer schade, daß die Jesuiten diesen wunderthätigen Keller nicht auch jenem ehrbaren Völklein eröffnet, welches die Jansenisten bey Sanct Medard bezahlen.

Vierte Beylage.

ten. Das Ziel der Wallfahrt hätte den Zulauf der Pilger vermehret: und die Kranken, welche an dem Zucken der Glieder leiden, hätten aus den Fässern eine neue Kraft ziehen können, um mein Grab desto lustiger herum zu springen. Aber genug von dieser strohernen Nachlese, welche eben so hochschätzbar ist, als ihr Verfasser, ein entsprungener Ordensmann, welchen der Hunger nöthiget, vermittelst solches Unflats sein Maul hinzubringen. Vielleicht schämen sich die Jansenisten dessen, was ihr hübscher Gönner für sie geschrieben. Müssen sie sich aber nicht nothwendig dessen schämen, was sie selbsten in Frankreich thun und ausspringen? Denn auch sie machen mich zu einem Wunderthäter: und ich habe gute Nachricht von einem sich zu Frauenkloster, wo das Geklapper von meiner Appllation auch ausgekommen, und einige, wohl thörrichte Jungfern, dem neuen Heiligen zu Ehren eigene Novenen angestellet haben. Für solche Ausschweifungen war unser Jahrhundert vorbehalten.

Inzwischen sehen Sie, mein Herr, auf was für Verdiensten die Heiligsprechung und der Ruhm eines Wunderwirkers unter diesen Leuten beruhe. Hier ist ein vollständiger Beweis davon: man kann vernünftig die Rechnung machen, wie gegründet die übrigen Wunderzeichen ihrer Heiligen seyn müssen, da man diese vor sich hat, mit welchen ich alsbald zu leuchten angefangen, nachdem sie mich zu einem Appellanten gemacht hatten. Wie haben sie aber ohne Schamröthe diese Appellation erdichten können, welche die einige Grundfeste meiner Seligsprechung, und meiner vorgegebnen Wunder ist? Dieses allein kann erklecken, sich einen zulänglichen Begriff zu machen von der Unverschämtheit derer, welche schon lange Zeit ihrer Parthey mit nichts anderm als Lügen ein Ansehen geben. Man beobachte nur die geheimen Ursachen, von welchen sie angetrieben worden dieses Gedicht zu ersinnen.

Die Jansenisten, welche vielleicht von den Jesuiten löblicher sprechen würden, wenn sie weniger Schätzung von ihnen hätten, sehen mit großem Misvergnügen, daß sie bisher nicht einen einzigen von der schuldigen Beobachtung der Constitution haben abziehen können. Weil sie dann der gewissen Meynung sind, ein Jesuit, welcher als Appellant von dieser Welt abschiede, würde für sie ein namhafter Sieg seyn; jedoch keine Hoffnung haben, einen dergleichen jemals zu erleben: haben sie das Mittel ergriffen, nach ihrer Art selbst einen zu erschaffen. Warum sie lieber mich, als einen andern, auf die Schaubühne gestellet, wüßte ich unmöglich zu errathen. Ihre schon lang fortgesetzte Gewohnheit, alle auch unglaublichste Zeitungen unter die Leute zu bringen, wenn nur ihnen damit gedienet ist, hat in ihnen die Zuversicht erwecket, einfältiges Volk genug anzutreffen, welches auch diß glauben werde. Sie dachten zugleich, die unerwartete Neuigkeit, daß ein Jesuit als Appellant gestorben, werde desto mehr Verwunderung und Belustigung bey dem Pöbel verursachen, welchem die ärgerlichen und abgeschmackten Erdichtungen von Sanct Medard schon eckelhaft zu scheinen angefangen, weil in denselben die Auflösung des Knotens ziemlich unnatürlich heraus kam. Heraus ist dieses Lustspiel entstanden: wie es auf das Theater gebracht worden, wissen Sie selbst, mein Herr.

Ist es wohl möglich, werden sie fragen, daß die Erfinder dieses Mährleins nicht wenigst einigen Grund in der Wahrheit gehabt haben? ist dann alles aus Nichts gezogen? Ja, mein Herr, alles aus eitel Nichts. Dieses ganze Geweb hat nichts wesentliches, als die Falschheit und Bosheit der Jansenisten. Ihnen ist alles angenehm, seye es wahr oder falsch, wenn es ihnen nur zu ihren Absichten verhilft. Ich bin, GOtt sey gedankt, bey Leben: ja ich habe mich nicht einmal unpäßlich befunden. Ich habe die Constitution angenommen, und nehme sie noch an, mit jener Unterwerfung des Verstands und des Willens, welche man einer dogmatischen und unveränderlichen Lehre der allgemeinen Kirche schuldig ist: für eine solche ist sie von den Cardinälen, Erzbischöfen, und Bischöfen in ihrem Schreiben an den König erkläret worden. Mir ist nicht ein einziger Jesuit bekannt, welcher die Constitution betreffend anders gesinnet wäre.

So ist also mein Tod, meine Appellation, der Ort meines Grabes, und der Kampf, so deswegen entstanden, nichts als Hirngespunst und poetische Träume der Herren Jansenisten; das ist, eitel unverschämte Lügen, derer diese neue Verbesserer der Sittenlehre und abgesagte Feinde der Zweydeutigkeit überwiesen da stehen; nichts als ungeheure Verleumdungen, derer ohne alle Ausflucht schuldig befunden werden diese Modheiligen, welche die schönen Namen der Liebe und Wahrheit unabläßig in dem Munde führen. Wer kann dem Menschen eine solche Falschheit eingeben, als der Geist des Irrthums,

und

Vierte Beylage.

und der Vorſatz die Angelegenheiten eines verlohrenen Handels wie immer zu behaupten! Deßhalben höret man auch in Ländern, die von Frankreich ſehr weit entlegen ſind, wie ein Sprichwort ſagen, er lügt, wie ein Janſeniſt. (S. den Brief des Patriarchen von Liſabon, welcher eingetragen zu leſen iſt in einem franzöſiſchen Werke, Zeugniß der allgemeinen Kirche betitelt.) Es ſcheinet wirklich, die Parthey ſuche dieſes Sprichwort mehr und mehr wahr zu machen, indem ſie täglich neue Unwahrheiten wider unſre Geſellſchaft ausheckt, und ſich von keiner Beſchämung davon abhalten laſſet, ſollte ſie auch noch ſo oft der Lügen überzeuget werden. Sie beſcheiden ſich, die Verleumdung breite ſich allezeit mehr aus, als die Rechtfertigung der angegriffenen. Dieſer glückliche Grundſatz befreyet ſie immer und ewig von der Sorge, auch nur ein Färblein der Wahrſcheinlichkeit zu ſuchen, und daſſelbe ihren Läſterungen wider uns zur Beſchönigung anzuſtreichen.

Was für einen Grund hatte die ärgerliche Geſchicht, welche ſie vor einigen Monaten mit ſo großer Beleidigung der Jeſuiten von Bourdeaux in ganz Paris ausgeſchrieen? Der ganze Grund war die vergifte Bosheit ihrer Urheber. Was für einen Beweis hat man beygebracht, oder beybringen können, von jener Fabel, mit welcher ſie vor etlichen Jahren das Collegium von Fleſche durch ganz Frankreich verleumdet? Der ganze Beweis war die Dreiſtigkeit der Verleumder. Wie unterſtützten ſie ihr Gedicht von Ambroſio Guys, welcher zu Alicante geſtorben, und aus Barmherzigkeit begraben worden, ihrem Vorgeben nach aber unter den Händen der Jeſuiten zu Breſt ſeinen Geiſt aufgegeben, damit ihm die Jeſuiten mehr Millionen Gelds entwenden, und darum von ihnen bey den Richterſtühlen der Gerechtigkeit angeklagt werden könnten? Die ganze Stütze war ihre Frechheit, mit einer der greulichſten und abſcheulichſten Läſterungen aufzuziehen. Aus was für einer Wahrheit iſt jenes entſetzliche Getös wider den P. Girard entſtanden, welchen von ſeiner Anklage der größte und beßte Theil des Parlaments in Provence gerichtlich losgeſprochen? allein aus der Leichtglaubigkeit dieſes Paters, und der verfluchenswürdigen Zuſammenſchwörung einer mächtigen Parthey: aber ihre gottloſe Kunſtgriffe werden täglich mehr entwickelt zu größerer Ehre der Unſchuld, und Vermehrung des königlichen Anſehens, da Seine Majeſtät ſich um die Rache als einer ihr zugefügten Beleidigung annehmen. Ich melde nichts von den schimpflichen Ausdrückungen, mit welchen uns die jansenistischen Zeitungen fast in allen Zeilen verunglimpfen. Diese Schmäheschrift, in welcher der Lästergeist keinen Stand und keine Würde auf der ganzen Welt verschonet, und mit einer unerhörten Vermessenheit alle geistliche und weltliche Mächten anfallet; diese Schmäheschrift, spreche ich, entehret in der That niemanden, als ihren Verfasser, und jene, derer Lob sie in sich enthaltet, ein Lob voller Falschheit und abgeschmackter Beredsamkeit.

Endlich ist ja nichts besonders, daß der Irrthum mit den Waffen der Lügen streitet und sich vertheidiget: wohl aber ist zu bewundern, daß es noch so einfältige Tropfen giebt, welche so oft überwiesenen und so groben Betriegern, sonderbar da es auf die Jesuiten los gehet, Glauben beymessen, und ihre Rabenlieder nachsingen. Wäre dieses nicht allein erkleklich, sie alles Beyfalls unwürdig zu machen, wenn sich nicht bey überaus vielen die Verführung so sehr in das Herz eingeschlichen hätte.

Im übrigen, mein Herr, beklagen wir uns nicht über diese Ungerechtigkeiten: der Haß und die Verfolgungen der Kirchenfeinde sind unser Ruhm: dieß ist das kostbare Erbgut, welches wir von unsern Vätern sammt ihrem Seeleneifer empfangen haben. Ist nicht dieß, was in Frankreich die Jansenisten wider uns sprechen und thun, eben das, was vor ihnen die Lutheraner und Calvinisten wider unsre Gesellschaft gesprochen und gethan haben, weil sie in derselben die arbeitsamsten Beschützer der von ihnen bekriegten römischen Kirche zu finden geglaubt.

Lasse man dann auch diese ihnen nachfolgen, und alles thun, was sie wissen und können, damit sie uns vor den Augen der Welt verhaßt machen, welche sie mit Vorurtheilen wider uns eingenommen: schreiben sie uns immerhin das Uebel zu, welches wir nicht begangen: verschweigen sie alles gute, was wir zu thun uns befleißen: vergessen sie, daß sie, die uns aufs wüthigste anbellen, größtentheils von uns auferzogen worden: wisse man uns keinen Dank, weder für die Arbeit so vieler Lehrer in den Schulen, noch für den Eifer so vieler Prediger auf den Kirchenkanzeln, noch für den Schweiß so vieler Missionarien in den barbarischen Ländern, ja nicht einmal für das Leben so vieler Blutzeugen aus unsrer Gesellschaft, noch für die Herzhaftigkeit mehr als vierzig Jesuiten, welche zu

die-

Fünfte Beylage.

dieſen letzten Zeiten in Bedienung der mit der Peſt behafteten, zu Marſeille, zu Ax, zu Toulon, als Schlachtopfer der Liebe geſtorben ſind, wo das Angedenken ihrer Treue nur gar zu geſchwind verrauchet iſt. Uns wird für unſeren Troſt genug ſeyn die Urſache, wegen der wir ſchon ſeit vielen Jahren das unbillige Nachreden dieſer aufrühriſchen Gemeinde zu leiden haben.

Aus dem, was mir letztlich begegnet, ſieht man augenſcheinlich, daß die Jeſuiten, wenn ſie nur von der Conſtitution appelliren wollten, auch nach der Meynung jener, welche jetzt ihren guten Namen ſo raſend zerreißen, ohne Verzug in ſo viel große Männer und Wunderthäter würden verwandelt werden: wie ich in einen ſolchen verwandelt worden bin, nur durch das Gerücht meiner Appellation, welche doch nie geſchehen war. Aber nein! um dieſen Preis werden wir das Lob der Glaubensneuerer niemals kaufen. Ich ſage noch mehr: wir rechnen uns zur Ehre von ihnen geläſtert zu werden, wenn wir in Betrachtung ziehen, daß diejenigen, welche uns mit ihren Zungen und Federn ſo grauſamlich verwunden, eben die ſind, welche ihre Gotteslaſterungen und Verleumdungen wider die höchſten und heiligſten Stände, der Kirche ſo wohl, als des Staats, ſo gewiſſenlos ausſtoßen. Ich habe die Ehre, mit aller Hochachtung zu ſeyn,

Mein Herr,

Paris, den 15 Horn.
1732.

Ihr demüthigſter Diener,

Peter Chamillard, aus der
Geſellſchaft JESU.

Fünfte Beylage.
Brief eines Herrn Weltgeiſtlichen aus Marſeille an einen guten Freund zu Lyon.

Mein Herr und liebſter Freund,

Sie ſchreiben mir, ſo viel Anklagen, mit welchen man ſich wider die Jeſuiten traget, wären noch unausgemacht; und begehren von mir, ich solle Ihnen hierüber meine Gedanken in größtem Vertrauen und mit aller Aufrichtigkeit eröffnen. Ich kann Ihnen diese Gefälligkeit nicht abschlagen, werde es aber also vorbringen, daß Sie mich weder für einen abgeneigten Misgönner, noch für einen partheyischen und unvernünftigen Anwalt der Jesuiten werden halten können. Ich bin nicht in ihren Schulen erzogen: und in dem Schulhause, wo wir mit einander aufgewachsen, gab man mir bey Zeiten zur Nachahmung die berühmten Provincialbriefe, welche nicht ermangelten ihre Wirkung zu thun. Als ich aus den Schuljahren getreten, hat mich der Geist eines critischen Vorwitzes, und, wenn Sie mirs erlauben zu sagen, mein ehrliches und aufrichtiges Gemüth angetrieben, die Jesuiten etwas näher zu betrachten, ohne mich an das Geschrey des Pöbels oder die Bücher ihrer Widersacher zu binden. Viel Begebenheiten dieser letzten Zeiten, und jene Anmerkungen darüber, welche ein von Vorurtheilen freyer Geist von sich selbsten hervorbringet, haben mir allgemach einen zureichenden Begriff von den Klägern und Klagen über diese Geistlichen beygebracht. Damit ich nicht zu weit ausschweife, begnügen Sie sich, mein Freund, daß ich von den Klägern allein handle, und die Klagen auf ein andres mal verschiebe.

Hier zu Marseille habe ich beständig wahrgenommen, daß kein Mensch von gründlicher Tugend oder richtiger Vernunft die Jesuiten jemals angegriffen, noch für ihren Widersacher angesehen seyn wollen, oder sich dafür ausgegeben. Die Personen, welche ich in den Caffeehäusern, in den Gesellschaften, in den Secristeyen, in den Redstuben der Frauenklöster, den Jesuiten den Krieg ankünden höre, besitzen andere Eigenschaften.

Die erste Gattung der Jesuitenfeinde besteht aus denen, welchen es am Glauben fehlet. So viel Bücher, welche aus Holland und Engelland in unser Frankreich, vornemlich in die an der See gelegenen Städte kommen, sind der Ursprung jener starken Geister, wie sie sich nennen, und dessen rühmen: welche sich zu der äußerlichen Aufführung bequemen, in der That aber und im Herzen wahre Schüler Machiavells, Epikurs, und des uralten Diagoras sind, das ist, Menschen ohne Religion, ohne Seele, ohne GOtt. Weil diese den Glauben als Ueberläufer hassen, und ein hoffärtiges Mitleiden gegen den Pöbel tragen, als würde er durch das schwere Joch der Religion unterdrücket: wünscheten sie die Zerstörung des ganzen catholischen Wesens, des römischen Hofs, und
der

Fünfte Beylage.

der ganzen Geistlichkeit, sonderlich der Ordensstände. Unsere geistliche Pfründen verschlingen sie in Gedanken, und beneiden die nordischen Länder, wo sich so viel Häuser von der Kirche abgesöndert, und mit der geistlichen Beute bereichert haben. Ich habe auf einer hübschen Ebne an dem Meerufer anderthalb tausend Franken geistliches Einkommen: ich wollte nicht schwören, daß mein Nachbar, ein durch Spielen erschöpfter Edelmann, dieses Geld nicht gern in seinen Beutel stecken möchte. Diese Gattung der Gegner erweiset den Jesuiten die Ehre, sie für die kräftigsten Stützen des catholischen Glaubens zu halten. Das Ansehen dieser Geistlichen an den vornehmsten europäischen Höfen, und bey allen Ständen; ihre Bücher, welche voller Andacht und Gelehrtheit sind; die Aemter ihres Ordens, mit so vielen wohl eingerichteten Mitteln, den Glauben bey seinen Lehren und guten Sitten zu erhalten; sind eben so viel Pasteyen wider jene, welche die Religion niederzureißen verlangten. Die Geschichte des Lutherthums, der calvinischen Parthey, der Jansenisterey, geben und bestättigen diesen Begriff. Das erste also ist, daß man die Jesuiten verächtlich und unbrauchbar mache, ja, wenn sichs thun laßt, gar ausrotte. Zur Zeit, da das Unwesen der Freymaurer kochte, vertraute mir einer, welcher ein Kenner davon seyn wollte, unter ihren Sittenlehren wäre das erste Werk der Barmherzigkeit zum Nutzen des menschlichen Geschlechtes, daß man die Jesuiten zu unterdrücken suchte. Sehen Sie, mein Herz, die ersten Jesuitenfeinde, die Feinde des catholischen Glaubens: welche ich um dessentwillen die ersten setze, weil sie, als gewissenlose Menschen, kein Bedenken tragen, die allerhäßlichsten Unwahrheiten wider sie zu erfinden. Unser Frankreich hat dessen verschiedene Muster von Heinrich IV an bis jetzt aufzuweisen. Ein ganz neues und frisches haben wir an jenen Erben eines erdichteten Reichen aus Indien, denen die Jesuiten so viel Millionen Franken abgestohlen. Man hat diese Lügen so sicher verkaufet, und mit so genauen Umständen, und Benennung der Personen unterstützt, daß die Ausländer und eine Menge unsrer Franzosen in diese Maschen eingegangen. Ja man hätte sich den Betrug nicht nehmen lassen, wenn ihn nicht die Gottesfurcht und Gerechtigkeit unsers Monarchen durch ein offentliches Rathsurtheil zu nichte gemacht hätte.

III Theil. Brief eines Cavaliers aus Spanien.

Von dergleichen Leuten stammen her jene berühmte Bücher: *Mysteria Patrum S. J. Anatomia S. J. Actio perduellionis in Jesuitas. Jesuita exenteratus. Theatrum Jesuiticum. Monarchia.* d. i. Von den Geheimnissen der Jesuiten. Zergliederung der Gesellschaft. Die aufrührischen und der verletzten Majestät schuldigen Jesuiten. Ausgeweideter Jesuit. Jesuitisches Theater. Monarchie der Jesuiten. Und dergleichen andre sinnreiche Schriften in solcher Anzahl, daß, als P. Ribadeneira das Verzeichniß der Bücher seiner Ordensgenossen in den Druck gegeben, demselben ein ganzes Buch entgegen gestellet worden, nur aus den Titeln derer, welche bis dahin wider sie geschrieben hatten. Dieser bestreitet den Namen der Gesellschaft JESU, jener entdecket ihre Lehren: ein dritter spähet aus, wie sie innerlich eingerichtet sey: ein andrer tritt mit ihren geheimen Verordnungen ans Licht: wieder ein andrer erweiset den Verfall dieses Ordens: einer setzt die Brillen auf, und findet zweyerley Einrichtungen; eine offentliche, und heilige, welche man auf die Schau führet; und eine geheime, politische, nur den Großen und Aeltesten der Synagog bekannte, welche voller leichtfertiger Ränke stecket, das Seelenwerk in Gewinn zu verwandeln, und sich in der Beherrschung der alten und neuen Welt fest zu setzen: endlich kommt noch einer, und erzählet ihre verübte Lasterthaten. Und was für Lasterthaten: Zuchthäuser unter den Kirchendächern, so groß und wohl besetzt, daß sie erkleckten die Welt umzukehren. Erstaunliche Schätze, in den Todtengrüften, und bisweilen in dem Garten, aus den Beichtkreutzern der Büßenden. Wochentliche Berathschlagungen über den politischen Lauf der Staatssachen. Briefwechsel zwischen den Beichtvätern der Fürstenpersonen, ihre Heimlichkeiten einander mitzutheilen, und mit gesammter Hand zu arbeiten. Wer wollte alle Klagen so vieler Bücher erzählen, welche allein einen mehr als mittelmäßigen Büchersaal anfüllen könnten? Mein Herr, Sie haben es hundertmal gehöret, und werden immer was neues von der Art hören: denn, obschon diese Dintenklecker versichert sind, daß sie der Lügen werden überwiesen werden; schmeicheln sie sich doch mit der Hoffnung, es werde bey dem Pöbel ein gewisser nachtheiliger Eindruck zuruck bleiben. Und dieses ist in der That die Absicht, welche heutiges Tages die Verleumder der Jesuiten haben. Ist eine Unwahrheit widerlegt, so haben sie schon ein andre in Bereitschaft, und finden ihr Ver-

Fünfte Beylage.

gnügen daran, wenn sie in den Zeitungen sehen, wie sie ein solcher Held dem andern nachschreibt. Ist es möglich, daß nicht ein guter Theil der Leser anfänglich sie glaube? Ist es möglich, daß man nicht wenigst etwas davon glaube? Alles hilft, den Ruhm der Jesuiten zu schwächen, und diesen Pfeiler der Kirche zu entziehen.

Die zweyte Gattung derer, welche die Jesuiten beschuldigen, sind die ruchlosen. Die blindesten aus diesen können sich in ihrem Lasterleben nicht einbilden, daß jemand anderer unschuldig lebe: gleichwie einem schwindelichten bedunket, alles, was ihm vorkommet, bewege und drehe sich mit ihm herum. Noch übler sieht es aus, wenn sie von einer eingewurzelten Gewohnheit zu dem Uebel gleichsam genöthiget werden, also daß sie es für eine unabsönderliche und allgemeine Eigenschaft des Menschen ansehen. Daher rufen sie immerfort wider die Jesuiten, ihre Gleißnerey bedecke die Bosheit so künstlich, daß sie die Sünden, welche sie unfehlbar begehen, arglistig zu bedecken wissen. Andre unter diesen ausgelassenen sind nicht so blind: sie können sich selbsten das gute und erbauliche Leben der Jesuiten nicht verbergen. Aber eben diese ihnen widrige Lebensart ist schon eine große Bleidigung, als ein zwar stiller, aber wohlberedter Vorwurf. Sich zu rächen, spitzen sie ihre boshafte Augen, dergestalt, daß sie in den Jesuiten sehen, was ihnen der Verdacht vormalet: ihre Augen sind verkehrt, und was sie gern sehen wollten, das haben sie schon gesehen: ihre Augen sind eitel Ungerechtigkeit, sie bilden ihnen einen leeren Schein vor, nach welchem das Urtheil gefället wird. Nicht weniger sind alle lasterhafte diesen Geistlichen abhold, weil dieselben auf den Kanzeln und in den Büchern das Gift ihrer Grundregeln entdecken, und verdammen; weil sie in den Beichtstühlen, in den geistlichen Uebungen, in den Missionen, die Jugend in dem Guten stärken, und wider das Böse vorhin bewahren; weil sie die schädlichen Freundschaften noch in ihrer Blühte ersticken, und die allerältesten Krankheiten zu heilen wissen. Ein abgewiesener oder verlassener Buhler fasset einen unversöhnlichen Groll wider die Urheber seines Misvergnügens. Seinen Zorn abzukühlen sucht er alles auf, was immer wider die Jesuiten geschrieben wird, Lieder, Satyren, Sinngedichte, Befehdungen, Processe, Nachrichten, Neuigkeiten bis aus Indien: alles lieset er, alles giebt er zu lesen. Damit man an seinen Worten nicht zweifle, weiset er ganz frische Briefe auf von solchen Zeugen, welche es selbsten gesehen und gehöret.

ret. Wenn ein gescheider Mensch sich widersetzet, und die Regierung Königs Nicolaus I nicht glauben will: bezwinget er seine Hartnäckigkeit mit dem gedruckten Leben, und den von ihm geschlagenen Münzen, das ist, mit den letzten und überzeugenden Beweisgründen. Was haben nicht einige in unserm Frankreich gethan, da so viel Blätter wider den P. Girard herum flogen? Sie warteten aller Orten mit Exemplaren auf, so gar durch die Scheiben oder Winden der Frauenklöster, wo sie mit ungebührlichen Ausdrückungen eine That vergrößerten, welche von den ansehnlichsten Richterstühlen nach einer strengen Untersuchung für erdichtet und falsch erkläret worden. Wenn Sie, mein Herr, sich bemühen wollen, wie ich mehrmals gethan, gewisse Ankläger der Jesuiten auszufragen: werden Sie finden, daß es endlich auf ein Verlangen hinaus laufe, diese oder jene Person von ihren Kirchen zu entfernen; und daß sie das Unglück derjenigen bedauren, welche ihr Gewissen den Händen der Jesuiten anvertrauen, unter welchen es, sprechen sie, gewißlich nicht wohl versorget ist.

Zu dieser Gattung rechne ich auch jene, welche zwar keine ärgerliche Laster an sich haben, jedoch eben so heftig durch einen Geist des Hasses und der Rache wider die Jesuiten gereitzet werden. Hieher gehören die Erben derer, welche sich gegen die Gesellschaft freygebig erzeiget haben; und zwar alle bis auf den letzten Sprossen, auch diesen noch mit darein gerechnet. Es gehören dazu alle die, welche mit den Bollandisten, mit denen von Trevour, und mit andern Bücherschreibern aus der Gesellschaft übel zufrieden sind: denn es heißt: *Veritas odium parit.* Aus der Wahrheit keimet Haß. Weiter. So oft ein Jesuit durch einen liebreichen Fürspruch verhindert, daß der Mächtige den Unschuldigen nicht unterdrücke: so oft einer für ein armes Haus einen einträglichen Dienst erbittet: wird es der abgetriebne Gewaltsame, wird es der seiner Hoffnung beraubte, dem ganzen Orden der Jesuiten nimmermehr verzeihen. Unter der Regierung Ludwigs des Großen hatte P. la Chaise sein Beichtvater eine Hand mit in der Austheilung der geistlichen Aemter. Kaum war eines erlediget, lief jedermann nach Paris anzuhalten: aber nur einer konnte beglückt werden. Die übrigen, wann sie heimkamen, brachten anstatt des königlichen Gnadenbriefs Schmähschriften und Neuigkeiten wider die Jesuiten nach Hause. Man muß noch jene beysetzen, welche unter den Jesuiten gelebt, und von ihnen entlassen worden: denn einige aus

Die-

Fünfte Beylage.

diesen tadeln die Gesellschaft anstatt sie zu loben. Ich spreche, einige: weil ich selbst viele gesehen, welche die Hochschätzung und Liebe ihrer gewesenen Mutter in sich erhalten, und jenen den Mund gestopfet, welche ihnen durch derselben Verkleinerung eine Gefälligkeit erweisen wollten. Da Sie, mein Freund, vor zweyen Jahren mich hier zu Marseille besuchten, speiste mit uns öfters der Abt N. welchen seine schwache Gesundheit in der Jugend genöthiget, die Jesuiten wider seinen Willen zu verlassen. Sein sanfter und aufrichtiger Umgang hat mich in seine Bekanntschaft gezogen, als ich aus den Schulen in mein Vaterland zuruckgekehret war. Ich fragte ihn hundert Sachen von den Jesuiten, und er antwortete auf eine so redliche Art, daß ich an der Wahrheit seiner Erzählungen nicht zweifeln konnte. Ohne diesen Beystand würden mich meine Caffeegenossen in jenen Vorurtheilen bestärket haben, welche ich aus den Provincialbriefen gesogen hatte. Eines Tags machte er mir ein großes Vergnügen durch diese Beobachtung, daß so viel Freygeister, nachdem sie lange Zeit ihre Tobsucht an den Jesuiten ausgelassen, wann sie letztlich gut thun wollen, zu ihnen zum Beichten kommen, ja wohl gar unter ihren Händen den Geist aufgeben. In Wahrheit ich habe selbst, ob ich schon kein hohes Alter habe, dergleichen mehr zu Marseille gesehen. Es wird nicht wohl möglich seyn, daß Sie nicht auch zu Lyon solche gehabt: denn dieß sind Begebenheiten von allen Orten. Die Jesuiten, sprach dieser Abt zu mir, berufen sich von den Reden, welche diese ihre Gegner in ihrem Leben gethan, auf ihre eigene Thaten in dem Todbette: und weil in ihrem Sterben das Gewissen wirkt, ist es handgreiflich, daß in ihrem Leben die Leidenschaft durch ihre Zungen gewirket.

Die dritte Gattung der Jesuitenfeinde besteht aus den Neidern, und schließet etwelche Geistliche in sich ein. Diesen sind die offentlichen Schulen der Jesuiten, und ihre blühende Kosthäuser, ein Spieß in den Augen. Wenn sie schon den Jesuiten allein ihre Ausstellungen zu machen scheinen, arbeiten sie doch in der Stille für sich selbsten, welches niemals ohne Erhitzung geschieht. Eine saubere Jesuitenkirche, ein Gottesgelehrter aus ihrem Orden an der Seite eines Bischofs, eine vornehme Person, welche unter ihrem Zusprechen in die Ewigkeit abfahret, sind so viel Dörner in mancher andrer Brust. Mancher haltet es für eine Partheylichkeit, wenn man ihn sitzen lässet, und andern zulaufet: er zörnet mit dem, bey welchem sich mehr einfinden. So werden auch die Jesuiten

suiten von vielen andern Ordensständen durch ihre besondere Gebräuche unterschieden. Sie führen ein vollkommen gemeines Leben: sie nehmen keine Almosen für die Messen an: sie können jene entlassen, welche sich nicht fügen wollen: sie können ihren Orden leichtlich mit auserlesenen Jünglingen verstärken, und die tüchtigsten aus ihren Schulen und Kosthäusern aufnehmen. Die Weltlichen erheben bald diesen, bald jenen aus diesen Vortheilen; und scherzen bißweilen bey Tisch: mit einem andern Ordensgeistlichen, indem sie einen unbeliebigen Vergleich anstellen. Dieser, um nichts schuldig zu bleiben, vertheidiget nicht nur seinen Orden, sondern greifet auch den gar zu sehr gelobten an. Es ist ganz natürlich, daß in solchen Umständen, bey der Tafel, mit der Beysorge einer Verachtung, ein großer Eifer entstehe, und alles vorgebracht werde, was man dienlich zu seyn erachtet, die Jesuiten in ein Gleichgewicht zu bringen, oder auch ihre Wagschale ein wenig niederzudrücken. Weil die Jesuiten in ihren Schulen sich an keinen gewissen Lehrer gebunden, haben sie unschwer die bestgegründeten Meynungen für sich sammlen können. Da sie diese verfechten, und die Schwachheit des widrigen Lehrsatzes entdecken: befindet sich der Gegner beleidiget, und trachtet sich schadlos zu halten. Weil alle Jesuiten das Lehramt versehen, und folglich gezwungen sind, sich mit vielen Erkenntnissen zu bereichern: werden sie in den Zusammenkünften geschickter Personen sich nicht, wie manche andre, als stumme einfinden. Das Predigamt ist in Frankreich sehr angesehen. Kein Ordensstand hat einen so vollkommenen Prediger auf die Kanzel gestellet, als P. Bourdaloue gewesen: wie so gar Pascal bekennet, auf welchen man gewiß keinen Verdacht einer Partheylichkeit werfen kann. Kein Stand kann eine solche Rednergesellschaft aufweisen, als Colombiere, Orleans, la Rue, Cheminais, Bretoneau, und andre Jesuiten mehr, zusammen ausmachen. Man siehet auf der Hofkanzel fast allezeit einen Jesuiten. Man höret in den Provinzen oftmals, wie großen Beyfall die Prediger dieses Ordens finden. Dieses kann andern gleiches Amts nicht gefallen, welchen das Glück nicht günstig seyn will: und derer sind nicht wenig. Diesen bleibet eine andre Gattung der Beredsamkeit übrig, unter der Kanzel, vermittelst welcher sie ihren Eifer an den Jesuiten üben, und ihre Unordnungen und verdorbene Sittenlehren den Zuhörern einpredigen.

Aus

Fünfte Beylage.

Aus dergleichen Ursachen nun rühret her, daß man auch unter den Geistlichen solche findet, wiewohl diese den kleinsten, und insgemein den schlechtesten Theil ausmachen, welche wider die Gesellschaft also in den Harnisch gebracht sind, daß die Guten sich ärgern, und die Bösen darüber jauchzen. Hören Sie zu diesem Vorhaben, was mir einst begegnet, als ich Herrn N. besuchte, indem er sich von seiner Krankheit erholte. Er ist ein geschworner Feind der Jesuiten, mit welchen er doch keinen Umgang jemals gehabt: er hat auch, als ein Mann der dem Gewerbe oblieget, nicht eine einzige Schutzschrift für sie gelesen. Es waren unser in seinem Zimmer vier, zween Ordensgeistliche, der Pfarrherr, und ich. Einer aus den zweenen, den genesenden zu belustigen, wie ich glaube, fieng an über die Jesuiten nach allem Vermögen aufzuschneiden, und wendete allen seinen Witz an, den wichtigen Satz zu behaupten, die Jesuiten verursachten durch ihre schlechte Sittenlehren den Verfall der Kirche GOttes. Er fieng wirklich an aus den Provinzialbriefen herzusagen, was er wußte, mit Vermelden, dieses Buch wäre das erste, welches er seinen Ordensneulingen zu lesen gäbe. Ich hielt mich still: denn ich mag mir das Gespräch mit solchem Zanken nicht verderben. Der Pfarrherr, ein lebhafter Mann, welcher seine Schulen bey den Jesuiten gemacht hatte, konnte nicht schweigen, sondern setzte die Hände auf die Hüften, und sprach: Pater! wann werden Sie aufhören, ehrlichen Leuten mit ihren Schmähworten Aergerniß zu geben. Glauben Sie, daß, was Sie wider die Jesuiten hier vorbringen, falsch sey? so sind Sie ein Lästerer. Glauben Sie, es sey wahr? so sollten Sie jene Liebe üben, welche Sie andern predigen. Sprechen Sie weiß oder schwarz, die Jesuiten haben allzeit gutes gethan, und thun es noch. Ihnen, mein Pater, misfallen ihre Schulen, ihre Kosthäuser, ihre Kanzeln, ihre Beichtstühle, so viel Aemter ihres Ordens, und der Zulauf, welchen diese Ordensgeistlichen haben: aber eben dadurch helfen sie den Seelen, und erhalten den Glauben, nebst der Gottseligkeit. Die Irrgläubigen und Freygeister zucken das Schwert wider sie, und nicht wider eures gleichen: welches ihnen ein großes Lob ist, und euch eine empfindliche Beschämung seyn sollte. Man hat gut schreyen wider ihre Sittenlehren: der Probabilismus ist in keinem Collegio der Jesuiten auf die Welt gekommen. Viel aus ihnen haben ihn verfochten, so lang er eine aus den allgemeinen Lehren aller Schulen war. Die ersten, welche ihn angefochten, sind Jesuiten gewesen. Ich fodre Sie heraus, Pater: beweisen Sie mir das Widerspiel: ich werde ihnen zu antworten wissen. O mein lieber Pater! wenn Sie einen Eifer für die Kirche hätten, würden Sie sich nicht mit den Jansenisten

vereinigen, die Geſellſchaft zu verfolgen, welche eben darum von den Janſe-
niſten ſo viel gelitten, weil ſie der Kirche beygeſtanden. Es gehöret mehr dazu,
als daß man nur über die ſchlimmen Sittenlehren ein Geſchrey mache. Die
Weltleute haben gute Augen: ſie ſehen wohl, welchen Sittenlehren eure Aufführung gleich ſehe, und welchen die Jeſuiten in ihrer Aufführung nachleben.
Was den Verfall der Kirche GOttes verurſache, will ich beſſer ſagen; nicht
die Sittenlehren der Jeſuiten, ſondern eure unaufhörliche Verfolgungen, mit
welchen ihr ſie zu entehren und zu vernichten ſuchet. Die Irrgläubigen und
Gottloſen haben ihre Herzensluſt daran. Sollte es euch gelingen, mit den Jeſuiten fertig zu werden: werdet ihr hernach erfahren, wie es euch ergehen
wird. Mit dieſen Worten ſtund er auf, und gieng mit Unwillen davon.

Die vierte Gattung derer, welche mit den Jeſuiten übel verfahren, ſind
die Betrogenen. Die falſchen Chriſten, die Gottloſen, die Neider, laſſen
nichts als ſtachlichte Reden wider die Geſellſchaft von ſich hören. Sie finden
Perſonen von geringer Einſicht, oder welchen dieſer Orden unbekannt iſt;
welche keine Vertheidigung deſſelben jemals geleſen, oft auch nicht leſen können. Was iſt leichter, als ſie zu verführen? Ein ſolcher Halbchriſt bey ſeinem
Caffee, ein Laſterhafter in einer Zuſammenkunft, ein Lehrer auf ſeiner Schul-
kanzel, ein Gelehrter, ein Hausherr unter ſchlechtern, als er iſt, ſpricht wie ein
König in ſeiner Hauptſtadt. Was er immer ſagt, wird gleich ſo vielen Göt-
terſprüchen angehöret: man glaubet es blindlings, ärgert ſich an den Jeſuiten, und wiederholet alles bey denen, welche das Glück nicht gehabt dabey
zu ſeyn. Alſo wachſet die Zahl der Misgünſtigen und Tadler, und fallen
auch tugendhafte und ehrliche Perſonen in das Netz, welche eben die tauglich-
ſten ſind, noch mehr einfältige wider die Jeſuiten aufzuwiegeln. Es iſt noch
nicht lang, daß einer guten Perſon ein erdichtetes Verboth eingeliefert worden, als wäre es zu Rom wider die Jeſuiten gedruckt. Dieſe hat es in ein
Frauenkloſter getragen, und weil ſie es für ungezweifelt hielt, hat ſie viel eifri-
ge Anmerkungen darüber gemacht. Die guten Kloſterfrauen wußten nichts
darauf zu antworten: ſie riefen nur voller Verwunderung: O heilige Geno-
veſa! Sehen Sie, Mutter Charlotte! wer hätte ſich das eingebildet! nachdem ſie ſo viel geiſtliche Bücher drucken laſſen! O wenn ſie den P. Rodri-
guez fleißig hielten! Jetzt ſehe ich erſt, daß die Frauen zu Portroyal Recht
haben. Mich arme! wie bald hätte ich können verführet werden!

Wenn ich alles gemeldte zuſammen faſſe, kommet mir vor, ich ſehe
die Jeſuiten in jenen unglücklichen Umſtänden, in welchen ſich die Do-
minicaner und Franciſcaner befunden, als Wilhelm von Saint Amour

ein

Fünfte Beylage

ein Lehrer zu Paris wider sie eine Verfolgung erreget. Wir wissen aus dem heiligen Thomas, und dem heiligen Bonaventura, was er beyden Ordensständen vorgeworfen; nämlich, daß sie die ersten Kanzeln betrüglich erschlichen; daß sie sich der bischöflichen Bothmäßigkeit entzogen; daß sie alle Häuser durchstrichen, etwas fremdes zu erbeuten; daß sie die Sachen ihres Ordens stolz und hochmüthig angepriesen; daß sie den Höfen nachgezogen, die Gewogenheit der Großen und Fürstenpersonen zu erhaschen; daß sie unter dem äußerlichen Ansehen eines guten Raths ihrem eigenen Nutzen nachgestrebet; daß sie unversöhnlich gewesen, wenn jemand sie beleidiget hatte; daß sie unter der Decke eines eingezogenen Wandels die unverschämtesten Gemüther verborgen; und daß sie derohalben falsche Apostel, falsche Christi, und wahre Antichristen wären, und aus der Welt ausgereutet und gänzlich abgethan werden müßten. Ihm folgeten jene nach, welche keinen Glauben hatten, oder übel lebten, oder neidisch dachten, oder betrogen waren. Mit derer Hülfe brachte es dieser Mann so weit, daß die guten Geistlichen in ganz Frankreich verhaßt und beschrieen wurden. Innocentius IV wurde ebenfahls hintergangen, und erniedrigte den Orden des heiligen Dominici, welchen hernach Alexander IV zum allgemeinen Guten der Kirche wieder empor gehoben.

Es ist Zeit diesen Brief, welcher das Maaß schon lang überschritten, mit einer Bedingung zu beschließen. Wenn eine Klage wider die Jesuiten entweder von Leuten eines verdächtigen Glaubens herkommet, oder von solchen, die den Lastern ergeben sind, oder welchen daran gelegen ist die Jesuiten verachtet zu sehen, oder welche doch wenig Umgang mit ihnen und schlechte Erkanntniß haben: erfodert die Vernunft, daß man seinen Beyfall bis auf bessern Bescheid zuruck halte. Ich habe die Ehre zu seyn,

Mein Herr und liebster Freund,

Ihr ergebenster
* * *

NS.

Erwarten Sie ja in meinem zweyten Schreiben keine besondere Antworten auf alle Beschuldigungen der Jesuiten. Auf dieses mögen sie selbsten bedacht seyn. Ich werde nur überhaupt etliche Classen ausstecken, und alle ähnliche zusammen nehmen; dieselbigen aber erstlich mit den Regeln der Gesellschaft, und dann mit dem Lebenswandel der Jesuiten vergleichen.

Sechste Beylage.

Brief aus Madrid.
Aus dem V Th. dieser Schutzschriften, welche Johann Bottagrifi zu Fossombrone 1760 heraus zu geben angefangen.

Liebster Freund,

Ich lobe ihren Vorwitz, welcher alles sorgfältig aufsuchet, was sich mit den Jesuiten zutraget. Ebenfahls lobe ich den Beweggrund, welchen Sie anführen, diese ihre Angelegenheit zu rechtfertigen. Gewißlich ein Mensch ohne Vorurtheil wird sich bey diesen neuen Zeitungen wider die Jesuiten nicht übereilen, wenn er höret, daß sie in Paraguai und Uraguai ein Kriegsheer zusammen gebracht, und Schlachten geliefert haben sollen, jene Länder an sich zu ziehen, welche der Spanischen Monarchie unterworfen sind. Ehe er diesen Erzählungen Beyfall giebet, muß er erwarten, was für Gesinnungen unser Hof darüber spüren lasse, dessen Aufmerksamkeit sehr groß seyn muß, und in der That ist, damit ihm an dem Seinigen kein Abbruch geschehe. Er muß beobachten, wie sich der Hof gegen diese Geistlichen aufführe, welche man mit allem Gewalt zu ungerechten Besitzern jener Länder machen will. Sie, mein Freund, sprechen also: Wenn der spanische Hof wider die Jesuiten sich erzörnet, wenn er sie strafet: alsdann ja, alsdann will ich glauben, daß diese Beschuldigungen der Wahrheit gemäß sind. Rühret er sich aber nicht wider sie, rächet er sich nicht an den Urhebern der ausgesprengten Gewaltsamkeit: so werde ich dieses ganze Gericht unter jene Mährlein zählen, welche von gewissen Leuten geschmiedet, und zur Lust vorgestellet werden: gleich als ob es ihr Amt mit sich brächte, die unverschämtesten Verleumdungen auszudenken, und mit geringer Mühe jenen zu verkaufen, welche überall einkramen, wo sie etwas sehen, und alles glauben, was ihnen zu Ohren kommet.

Mein Freund, Sie haben allerdings Recht, und ihre Gemüthsverfassung scheinet mir so richtig und natürlich, daß ich mich sehr verwun-

Brief aus Madrid.

wundre, warum nicht jedermann eben so denke. Ich will Ihnen also aufrichtig sagen, wie es den Jesuiten hier in Madrid ergehe. Vor allem aber muß ich einen Umstand erinneren, woran mir viel gelegen ist. Ich wollte nicht, daß sie an der Wahrheit meines Berichts um deſſentwillen zweifelten, weil ſie wiſſen, daß ich Hochſchätzung und Liebe gegen die Jeſuiten bezeige. Nein, liebſter Freund: meine Neigung wird der Redlichkeit nicht den mindeſten Eintrag thun. Zu dem erzähle ich Sachen, welche offentlich bekannt ſind: und es wäre gar zu leicht, mir meine Untreu vorzurucken, wann ich auch nur eine geringe Unwahrheit wollte einflieſſen laſſen. Vernehmen ſie dann, wie ſich unſer Hof gegen die Jeſuiten verhalte.

Nachdem Seine Majeſtät der König, welchen GOtt bewahre, zu Saragoſa angelanget: haben die Jeſuiten eine Bittſchrift überreicht, des Innhalts, Seine Majeſtät möchten allergnädigſt geruhen, die Stiftung eines zahlreichen Collegii im Königreiche Granada in America zu unterſchreiben, welche der König ihr Herz Bruder nicht hatte gutheißen wollen. Damals wurden ſie nicht erhöret: ſobald aber unſer gnädigſter Herz zu Madrid angekommen, hat er nicht allein die Bittſchrift ungeſäumt unterſchrieben, ſondern auch ein der Geſellſchaft ſehr rühmliches Befehlſchreiben ausfertigen laſſen, und die Anſtalten gemacht, daß das Befohlene bald zu Werke gerichtet werde. Sehen Sie, wie unſer Hof mit den Jeſuiten umgehe.

Noch mehr. P. Johann Wedlingen ein Jeſuit aus Böhmen iſt als Lehrmeiſter des königlichen Prinzen von Aſturien, eines Sohns unſers gnädigſten Herzn, neu angeſtellt, und zu dem Ende nach Hof berufen worden, wo ſich auch noch andre aus ſeiner Geſellſchaft befinden.

Die dritte Neuigkeit iſt, daß aufs neue, wie man gewiß weiß, ſechzig Jeſuiten als Miſſionarien oder Glaubensprediger in das ſpaniſche Indien abgereiſet: und höre ich ſagen, dieſe Anzahl beſtehe nicht nur aus gebohrnen Spaniern, ſondern aus allerley Völkern. Glauben Sie mir, liebſter Freund, wenn dieſe Prieſter ganze Armeen in Paraguai und anderswo auf den Beinen hätten, wenn ſie eines theils jener Landſchaften ſich wirklich anmaſſeten, und noch mehr unter ihren Gewalt zu bringen gedächten: glauben Sie mir, daß unſer Hof, anſtatt ſolcher Liebkoſungen, den Jeſuiten mit der gerechteſten Rache begegnen würde. Nein, nein! man würde nicht durch die Abſendung neuer Miſſionarien ihre Kriegsheere mit neuen Feldmarſchallen und neuen Zeugmeiſtern verſehen wollen. Dieß ſind die Neuigkeiten, welche ich für dieſes mal von den Jeſuiten bey Handen hatte: ſobald ſich

ferner

ferner etwas äusseres, werde ich nicht ermangeln, davon Bericht zu ertheilen. Inzwischen ermahne ich Sie, sich von den lügenhaften Zeitungen nicht verführen zu lassen, welche, wie ich vernehme, in Italien haufenweis flattern, nicht ohne Nachtheil der Wahrheit, der Liebe, und der Dankbarkeit, welche man einem so wohlverdienten Orden schuldig ist. Bey uns in Spanien, GOtt und der sonderbaren Gottseligkeit unsers Königs, welchen der Himmel beschütze, sey es gedankt, höret man nichts wider die Gesellschaft sprechen: ja man haltet hier für einen Grundsatz, derjenige, welcher sich ein Wort wider die Jesuiten entwischen liesse, müßte kein guter Christ seyn. Ich für meine Person befleiße mich als ein guter Rechtgläubiger zu leben; und zweifle nicht, Sie, mein Freund, werden desgleichen thun: daß wir uns also in diese leblosen Reden nicht einmengen wollen. GOtt der HErr, und die unbefleckte Jungfrau und Mutter GOttes, wollen Sie bewahren.

Liebster Freund,

Madrid, den 16
Mårz 1760.

Ihr getreuester
* * *

NS.

Eben jetzt höre ich, daß Ihro Majestät unsre gnädigste Frau und Königinn ein Schreiben an den P. Sebastano aus der Gesellschaft JESU nach Neapel ergehen lassen, in welchem er als ihr Beichtvater hieher berufen wird.

Anhang.

Anhang.

Antwort
Des Hochwürdigsten Herrn Abts
Sabinto Phönicio,
Eines Römers,
An Herrn Marggrafen Neralco von Genaro,
einen Neapolitaner.

Wer die Verfasser der Schmähschriften wider die Gesellschaft JESU seyn.

Aus dem IV Th. besagter Schutzschriften von Fossombrone.

Niemand andrer, als Sie, mein liebster Freund, hätte mich dazu gebracht, die Hand nach der Feder auszustrecken, und von solchen Dingen zu schreiben, wie Sie mir in ihrem werthesten vortragen, und mich durch ihre angenehme Klagen zu einer Antwort zwingen. Ich komme dann ohne Verzug zu ihrer großen Frage, ob diese so vielfältigen Schriften, welche wider die Geistlichen der Gesellschaft JESU aus allen Pressen hervor kommen, ihr Ziel und Ende erreichen, und diese Ordensmänner aller Hochschätzung und Gunst des menschlichen Geschlechts berauben werden. In Wahrheit eine große Frage, auf welche die Antwort ziemlich derb ausfallen dörfte, wenn ich der Schreibart der Herren von Lugano nacharten sollte: denn diese, wie man aus dem Schreiben an Herrn Marggrafen Gabrielli ersehen, nehmen anstatt der Beweisthümer die Grobheiten zu Hülfe, und wollen lieber um sich beißen, als vernünftig antworten. Weil aber ich lieber mit guten Ursachen, als mit Schandreden zu thun habe: wird von vonnöthen seyn, daß sie mir, eine vollständige Antwort geben zu können, die Freyheit erlauben zu untersuchen, erstlich insgemein, dann auch in Sonderheit, wer jene misgünstige seyn mögen, welche so viel Verleumdungen wider diesen Orden ausspringen, damit wir sehen, ob ihr Ansehen so nachdrücklich sey, daß sie sich bey gescheiden Lesern die Erhaltung ihrer gottlosen Absicht versprechen können.

Gewiß, wenn wir menschlich, bürgerlich, und endlich auch christlich von dem Handel urtheilen sollen; sieht man alsbald, daß diese abholden Pasquillenschreiber eitel unbillige und gottlose Menschen seyn müssen, Menschen eines in Grund verdorbenen Gewissens, welche wenn sie dem Glauben nicht offentlich abgesagt, doch einen großen Verdacht in diesem Stücke auf sich laden. Und was für andre Namen soll man wohl dergleichen Leuten geben, welche sich nicht das mindeste Gewissen machen, offentlich jedermanns Augen vorzulegen so viel Schandthaten, sie mögen gleich wahr oder falsch seyn, wie sie es mit der preiswürdigsten Gesellschaft JESU machen? Wenn man alle Wunden aufdecken sollte auch derjenigen Orden, welche sich einer strengen und rauhen Sittenregel zu rühmen pflegen: glauben Sie mir, so erklecketen die kleinen Bücher von Lugano sammt den Beyträgen von Fraschetta nicht: man hätte die dickesten Folianten nöthig, welche allein schon einen großen Büchersaal einfüllen könnten. Sie wissen, mein Freund, wie viel Gelegenheit mir mein Amt gegeben, von diesen Sachen Bericht zu erhalten, und zu ertheilen. Jedoch wer ist so vermessen, daß er sich getraue zur Schande unseres Glaubens davon zu reden, oder zu schreiben? wer unterstehet sich, die Ehre der Ordensständen also zu beflecken? Es sind zwar ihrer etliche heutiges Tags sehr verfallen, also daß einige so gar die langen Kleider beyseits gelegt und das Haar nach der Regel zu scheeren unterlassen. Nichts desto weniger erfodert die Liebe und Gerechtigkeit, daß man sie nicht mehr verunehre, als sie von ihren eigenen Söhnen verunehrt werden.

Aber hören Sie doch, wie weit bey diesen Leuten die kühne Gottlosigkeit gehe. Ich bilde mir ein, angenehmster Herr Marggraf, Sie werden alle Bullen, alle päpstliche Satzungen, alle Verordnungen der Fürsten gelesen haben, welche die Jesuiten betreffen. Auch ich habe sie alle gelesen, aber in keiner gefunden, wie auch Sie nicht werden gefunden haben die schimpflichen Namen der Ungerechten, der Lasterhaften, der Aergerlichen, der Zaumlosen, der Meuchelmörder, der Todschläger, der Wucherer, der Ketzer: mit wel-

der Schmähschriften wider die Jesuiten seyn.

welchen diese Herren auf die Jesuiten zuwerfen. Gewißlich, wenn ihnen obgelegen wäre, eine recht gräuliche Abbildung etwa eines Luthers oder Calvins zu verfertigen; hätten sie keine tauglichere Farben erwählen können. Nun frage ich: Woher kommet ihnen die Macht, diesen Orden dergestalt herab zu machen? Wer hat ihnen dazu das Beyspiel, wer die Erlaubniß ertheilet? Fürwahr kein Mensch. Da sie sich also unterfangen, ohne alles Ansehen, ohne alle Beglaubigung, Sachen zu sagen, die weder von Päpsten, noch Welthäuptern jemals gesagt worden: muß sie nicht die ganze Welt für gewissenlose und gottesvergessene Frevler halten?

Es ist mir aber nicht von ungefähr in die Feder gekomen, daß ich einen Verdacht, und einen großen Verdacht, des Irrthums im Glauben auf sie geworfen. Wenn der unveränderliche Ausspruch des Heilands erkläret, daß die Berüchtigung seines Nebenmenschen, auch nur bey einem einigen, so lang eine unvergebliche Sünde sey, und verbleibe, bis die geraubte Ehre wieder erstattet wird: so möchte ich wissen, liebster Freund, wen es doch wahrscheinlich bedunken könne, daß solche vermessene Ehrendiebe diesen Lehrsatz glauben, indem sie nicht nur eine so ehrwürdige Versamlung vor der ganzen Welt beschämen, sondern auch diese Beschämung durch den Druck verewigen, und sich selbsten die Widerrufung unmöglich machen. Sollte dieses von den Jesuiten geschehen, könte man sprechen, sie wollen durch ihre Probabilistenlehren, durch ihre ausgelassene Sittenregeln, durch ihren Busenbaum, welcher gelebt und gestorben als ein großer Gottesgelehrter, jetzt aber nach hundert Jahren auferstanden als ein großer Böswicht, auch das Evangelium des HErrn selbst unterdrücken. Da es aber von Leuten geschieht, welche mit einer gesunden und strengen Sittenlehre prangen: wiederhole ich es, ich möchte gern hören, wie sie diesen Knoten entwickeln.

Sind nun aber diese feindseligen Gemüther, welche so viel übels wider die Gesellschaft in der Welt ausbreiten, überhaupt nach menschlichen und göttlichen Gesetzen für gottlos, für verwegen, für verdächtig in dem wahren Glauben zu achten: so sehe ich nicht, liebster Marggraf, wie von dergleichen Leuten bey der catholischen Welt der höchstgepriesenen Gesellschaft JESU ihr guter Namen solle gänzlich können benommen werden.

Lasset uns aber diesen Handel stückweis untersuchen, und die Verfasser dieser Schriften, so viel es möglich ist, aus der Anzahl der übrigen Menschen herausklauben: was soll es gelten, ihre mir aufgegebne Frage wird hiedurch immer mehr aufgeklärt? Sagen Sie her, mein lieber Herr Marggraf, aus was für einer Gattung der Menschen sind nach ihrer Vermuthung diese unglückseligen Schmierer? Sind sie vielleicht weltlichen Standes? Nein, mein

Herr, und abermal nein. Ich gebe meine Ursachen an. Erstlich haben sich die Weltlichen, auch die adelichen, die wohlgezognen, die gelehrten, nicht wenig verwundert, da sie aus Gelegenheit dieser gottlosen Pressen die ungeheure Anzahl der Bücher vernommen, welche in verflossenen Jahren zu Amsterdam, zu Genf, u. s. f. ohne Namen der Verfasser wider die Priester der Gesellschaft ausgegangen. Welches ein unlaugbarer Beweis ist, daß bey den Weltleuten eines adelichen Standes, und noch viel mehr bey den gemeinen, so viel alte Schmachschriften und Verleumdungen der Jesuiten unbekannt und in keinem Werthe waren: folglich hatten sie jene Triebfedern nicht, welche eine Misgunst wider diesen Orden hätten erregen können. Hat etwa einer durch die neu gedruckten Büchlein sich hinreißen lassen, und überhaupt die üble Meynung für wahr angesehn: so ist es der gesunden und strengen Sittenlehre zuzuschreiben, um welche die Jesuiten nichts wissen. Schließlich, insgemein zu reden, hat unter den Weltleuten niemals ein Haß wider die Gesellschaft eingewurzelt.

Dieses ist so gewiß, als gewiß ist, daß die höchsten Häuser, nicht nur in unserm Italien, sondern in ganz Europa, allzeit eine solche Hochschätzung von den Jesuiten gehabt, daß sie meistentheils ihre eigene Augäpfel, das ist, ihre Kinder, den Händen dieser Geistlichen anvertrauet. Es brauchet mehr nicht, als daß man noch wirklich die Kostgänger ansehe in den Häusern der Jesuiten, theils hier zu Rom, theils zu Bononien bey dem heiligen Xaveri, in den berühmten Kosthäusern zu Prato und Siena im Florentinischen, und in so vielen andern, die durch die ganze Welt ausgebreitet sind. Man wird sie mit Zweigen von den ansehnlichsten Stämen aller catholischen Länder besetzt finden. Wie hätten so viel weltliche Herren ihr Liebstes der Auferziehung dieses Ordens übergeben, wenn sie nicht die allerbeste Meynung davon hegeten? Die Weltlichen des mittern oder niedrigen Standes können oder müssen nicht eben alle ihren Söhnen ein Kosthaus der Jesuiten anweisen: aber schicken sie nicht fast alle dieselben in ihre Schulen und Bruderschaften oder Congregation? Würden sie wohl dieses thun, wenn sie einen Groll wider die Gesellschaft im Herzen hätten.

Lasset uns noch einen Schritt machen. Besinnen Sie sich, mein Herr Marggraf: ist nicht eine jede Kirche der Jesuiten, mehr als andre Gotteshäuser, mit weltlichen aus allen Ständen angefüllet? Diese Ordensmänner haben keine andere Obliegenheit, als die Ehre GOttes in allen und durch alles zu befördern. Es ist nicht ihres Thuns, wie hier zu Rom ein ansehnlicher Herr zu sprechen pfleget, nur ein Handpferd abzugeben, und die Schabracke herum zu tragen: sie studieren nicht nur um einen Titel, welcher sie von guten Werken freyspreche, und ihnen ein herrliches

der Schmähschriften wider die Jesuiten seyn.

ches Zimmer verschaffe, die heilige Armuth darinnen prächtig zu beherbergen. Niemand aus ihnen, so lang er lebet, ist ausgenommen von dem Beichthören, von dem Predigen, von der Auslegung der heiligen Schrift, von Anreden in marianischen Versammlungen oder vom guten Tode. Daher kommet, daß, weil die weltlichen in ihren Kirchen immerfort geistliche Verrichtungen antreffen, mit welchen man ihren Seelen beysteht, sie auch immerdar sich darinnen einfinden, und eine Liebe dazu tragen. Sie arbeiten nicht nur für den Adel, wie die misgünstigen plappern, sondern auch für den schlechtesten Pöbel. Denn wer laufet mehr in die Spitäler, in die Kerker, auf die Galeen, die Kranken, die Gefangenen, die Uebelthäter, zu trösten, zu unterweisen, und in den Grundwahrheiten des Christenthums zu befestigen? Wer durchzieht das Land mehr mit Haltung der Bußpredigen? wer nimmt sich mehr an um das ewige Heil der elenden Leute? Aus allem diesen ziehe ich den Schluß, daß unter den Weltmännern, man mag sie nun alle zusammen, oder in Sonderheit nach ihren Ständen betrachten, die Verfasser der boshaften Schriften wider die Gesellschaft nicht können gesuchet werden.

Ich will hiedurch nicht behaupten, daß unter der unzähligen Menge der Weltmenschen niemand zu finden sey, welcher schlechte Neigung zu den Jesuiten spüren lasse: gleichwie es sehr viel andre giebet, welche einen Widerwillen gegen andre Orden bezeigen, ohne selbst eine Ursache angeben zu können. Und um diese Zeit, da alles von Neuigkeiten wider diesen Ordensstand wimmelt, habe ich selbst überaus viel angetroffen, welche, ob sie schon den Jesuiten von Herzen geneigt sind, dennoch, sich in den Weltlauf zu schicken, und ohne Vorurtheil zu erscheinen, äußerlich das Widerspiel sehen lassen. Was es immer für eine Beschaffenheit mit diesem habe, so kommet das Getümmel so vieler Bücher und Blätter nicht von den Weltleuten her.

Von wem entstehet es dann? Vielleicht von der Clerisey? Lieber Herr Marggraf, ich kann es eben so wenig glauben. Die Wohnhäuser der Jesuiten sind immerdar voller Weltpriester: ja man kann, so zu sagen, kaum einen Weltpriester aufweisen, welcher ihnen nicht sein Latein, oder die Weltweisheit, oder die Gottesgelehrtheit, oder aber seine dogmatische Wissenschaft, oder den Bericht von Gewissensfällen schuldig wäre. Einer ist ihnen erkanntlich für seinen Beruf, ein andrer für sein Amt, und ein dritter für seine Beförderung. Dieser haltet seine

Meſſen in ihren Kirchen, jener lebet mit ihnen in ihren Koſthäuſern, ein anderer begleitet ſie auf ihren Bußpredigen. Was für Urſachen hätten ſie alſo, einer ſo wohlgewogenen Verſammlung übel zu wollen, und ſie durch öffentlichen Druck zu Schanden zu machen?

Jedoch will ich auch hier nicht von allen geredet haben: weil ich ganz wohl weiß, daß auch das reinſte und geblumteſte Feld ſeine Kletten und vergifte oder doch ſchädliche Kräuter hat. Es mag irgendwo ein unwiſſender, oder ärgerlicher, oder verkaufter Prieſter ſtecken, welcher den Jeſuiten vielleicht übel nachreden wird, entweder ſeiner unordentlichen Leidenſchaft nachzuhangen, oder in den Spielergeſellſchaften ſich als einen witzigen Kopf ſehen zu laſſen, oder auch ſeiner Herrſchaft, Recht zu geben, bey welcher er als Hausmeiſter dienet. Die Urſachen mögen ſeyn, wie ſie wollen: ich bin verſichert, daß es geſchehe. Einen in Sonderheit muß ich zu meinem größten Misvergnügen hier zu Rom täglich anhören: und iſt einer, welcher für ihrer viel gilt. Dieſer hauſet wider die Geſellſchaft wie ein abgeriſſener Kettenhund: wer ihn aber um deſſen Urſachen fragen ſollte, den würde er alſo erſchrecken, daß er ſich wohl hundert Meilen weit flüchtete. Deſſen ungeachtet werde ich niemals auf die Meynung verfallen, daß ſo unglückliche Eyer von der Prieſterſchaft, oder doch von der Prieſterſchaft allein, ausgebrütet worden: denn geſetzt auch, daß einer aus ihr ein ſo vergalltes Gemüth wider die Jeſuiten hätte, würde doch einem ſolchen entweder der Kopf oder der Beutel zu leer ſeyn, oder das Herz abgehen, die gottloſe Arbeit zu unternehmen.

Wer werden alſo dieſe gehäßigen endlich ſeyn? Mein lieber Marggraf! nun kann der Zweifel auf niemanden mehr fallen, als auf die Ordensgeiſtlichen. Allein hier müßte ich in ein gar zu weites Meer auslaufen: deſſen Sturm zu vermeiden, und mich keiner Ungelegenheit auszuſetzen, halte ich mich an das Ufer, und erkläre mich kürzlich. Weil ich allen geiſtlichen Ordensſtänden mit ganz beſondrer und billiger Verehrung zugethan bin, werde ich niemals glauben, daß ſolche Männer, welche das Geſetz lehren, welche ſich der Vollkommenheit befleißen, welche die Ewigkeit betrachten, welche unter den Strengheiten einer heiligen Regel ihr Leben zubringen, ihre Seelen ſo böslich durch dergleichen Arbeiten verſtricken können, und durch ſolches Verbrechen die ſchwachen und gottesfürchtigen Seelen ſo ſehr geärgeret haben ſollen. Nein, ſpreche ich noch einmal, niemals werde ich zu bereden ſeyn dieß zu glauben, und habe auch deſſen keine Urſachen: denn eben durch
dieſe

diese Verunehrung der Gesellschaft JESU entehreten sie ihren eigenen Ordensstand, und durch eine entsetzliche Sünde raubten sie auch andern Orden ihren guten Namen, und einer heiligen Gemeinde den seinigen zu entziehen. Dieses hieße die Ehrerbiethung und Unterthänigkeit verletzen, welche man der hochheiligen Kirchenversammlung zu Trient, und den päpstlichen Bullen Pauli III, Julii III, Gregorii XIII und XIV schuldig ist. Und wer ist mehr schuldig diese Sachen zu wissen, als die Ordensgeistlichen? Wenn also die Verleumder dieses heiligen Ordens selbsten Ordensmänner wären, stürzeten sie sich gar zu unverschämt in den Kirchenbann. Nein, das ist nicht möglich! es ist nicht möglich!

Dazu so sind sie auch am meisten verbunden die evangelischen Sittenlehren zu befolgen, und haben sich in den Ordensstand ihres Seelenheils wegen begeben. Wie sollte ich glauben, daß sie sich hernach so verzweifelt in den Höllenpful stürzen können? denn einmal ist es unfehlbar gewiß, daß nach den Grundsätzen der gesündesten und sichersten Lehre alle diejenigen, welche die Gesellschaft JESU so gräulich gelästert, welche sie verhaßt zu machen und zu beschädigen das teuflische Mittel so vieler Schandschriften zu Erregung eines offentlichen Widerwillens gegen einen so heiligen Orden gebraucht, welche dadurch den Frieden und der Gewissensruhe der Seelen, ja auch der Einigkeit der ganzen Kirche, so schweren Schaden zugefügt haben, ihr ewiges Heil keineswegs erlangen können, es sey dann Sache, daß sie den zugefügten Schaden ersetzen, und das ausgesprengte widerrufen. Nun aber da das Widerrufen so schwer ist auch einem Ehrabschneider, welcher seinen Nächsten nur mündlich und vor wenigen angegriffen, weil er nicht weiß, wie weit seine Reden sich ausgebreitet haben mögen: so muß es solchen gottlosen Verleumdern der Gesellschaft ganz und gar unmöglich seyn. Sintemal mir bekannt ist, daß nur von den letzten Büchern, welche zu Lugano wider die Jesuiten gedruckt worden, mehr als sechstausend Exemplare ausgeflogen. Diese sind unfehlbar von Leuten beydes Geschlechts aus allen Ständen gelesen worden; und wer kann sagen, von wie vielen? Wo will man widerrufen? wo den Schaden ersetzen? Ueberlegen Sie selbst, mein Freund, ob ein vernünftiger Ordensmann, der das Gesetz weiß, sich freywillig in dieses unermeßliche Meer stürzen werde, aus dessen Bosheit er nicht sieht wie er mehr hinaus schwimmen könne. Dieß ist ein Verfahren eines Irrgläubigen, und nicht eines Ordensgeistlichen.

Wer kann sich noch ferner einbilden, daß ein GOtt verlobter Mann nicht nur sich selbst, sondern mit sich noch so viel andre armselige verdammen wolle, welche den Druck und Verschliß befördern? Alle diese bedaurenswürdige helfen mit, vielleicht ohne dessen gewahr zu werden, zu jenen unersetzlichen Sünden, und machen sich ihrer ebenfahls schuldig: wodurch sie unvermerkt in ein Netz eingehen, welches für sie ein Netz des ewigen Tods ist. Und diese verdammlichste Grausamkeit sollen an ihnen Ordenspriester ausüben, derer Beruf ist die Seelen in den Himmel, und nicht in den Untergang zu bringen? Glaube es, wer immer will: ich, liebster Marggraf, will und kann es nicht glauben.

Der ganze Verdacht liefe endlich da hinaus, ob nicht auch in diesen auserwählten Gärten etwas giftiges verborgen liege, und zwischen den Blumen eine schädliche Wolfswurzel stecke, wie wir von andern Ständen gemeldet. Ich will es eben nicht vertuschen: es wird nur zu viel solches Unkrauts seyn; oder besser zu reden, es ist nur zu viel. Ich bin mir dessen selbst ein Zeug. Sie können wissen, liebster Herr Marggraf, was mir nur neulich den siebenden Hornung begegnet. Es kam zu mir in meine schlechte Wohnung bey den vier Brünnen, wo auch Sie in verflossenen heiligen Jahre mir das Vergnügen gemacht Sie zu sehen, ein gewisser Ordensmann, mit welchem ich in keiner genauern Freundschaft stehe, als daß ich ihn kenne. Auf einen langen Vortrab kahler Höflichkeiten folgte die Erklärung, er wäre gekommen, mir sehr häßliche Neuigkeiten von den Jesuiten zu bringen. Als ich auf diesen unvermutheten Antrag sehr stutzte, fieng der gute Pater an, mir mit einer allerherzlichsten Freude zu erzählen, was für ein schönes Buch vor einigen Tagen ausgegangen wäre, in welchem diesen ehrlosen Schelmen die Larven rechtschaffen abgezogen; und ihre verkehrte gesetzlose Sittenlehren an das helle Licht gebracht würden. Der Verfasser, sprach er, ist nicht nur mein Ordensbruder, sondern auch mein getrautester Freund und Mitarbeiter. Wenn Sie daran ein Belieben tragen, will ich selbst Ihnen ein Exemplar schaffen. Ich sagte ihm unendlichen Dank, aber mit der Bedeutung, daß ich an dergleichen Büchern keinen Geschmack fände; ja als ein Christ sie aufs äußerste verabscheute; ich lobte GOtt, daß ich keine Wissenschaft in seinen Schulen erlernet hätte, in welchen man so unverschämt lehrete dem Nebenmenschen unverwehrt seine Ehre zu rauben. Aus dieser gesalzenen, aber wohlverdienten Antwort erkannte er, daß er bey mir kein anständiges Erdreich gefunden,

seine

keine Hundsbeere drein zu setzen. Er drehete also die Unterredung künstlich auf ein anderes Ziel, ließ die Sittenlehren der Jesuiten fahren, und kam auf ihren Lebenswandel, mit Vermelden, ihr ganzes Leben wäre nichts anderes, als ein äußerlicher Schein. Ich versetzte: Mein Pater, Sie müssen in ihrer Wissenschaft überaus seicht stehen, sintemal Sie noch nicht so weit gekommen, daß Sie das zufällige von dem wesentlichen entscheiden könnten. Wer seine ganze Jugend in den Schulen verzehret, entweder zu lernen, oder andre zu lehren: wer sein ganzes Leben auf den Kirchenkanzeln, in den hohen oder niedern Schulen, in den Beichtstühlen, bey den Bußpredigen, in den Spitälern, in den Kerkern, auf den Galeen abnutzet: wer von seiner Arbeit keine Titel zu hoffen hat, welche aufblähen; keine Befreyungen, welche Ruhe schaffen; keine Zimmer, welche belustigen; keine Bedienungen, welche erquicken: wer in der Arbeit lebet und stirbet, ohne andre Vergeltung, als daß er einen Fitzen sich zu bedecken, einen wohl sparsamen Tisch, und ein einziges Zimmerlein hat: führet dieser ein Leben nur auf den Schein? Pater, wenn Sie so denken, haben Sie noch gar nicht tief in die Schrift geschaut. Nach meiner Weltweisheit sind dieß wesentliche Sachen: ich berufe mich auf die, welche es besser einsehen, als wir zween. Vielleicht aber verstehen Eure Ehrwürden durch den äußerlichen Schein die Eingezogenheit der Jesuiten in ihrer Aufführung? Daß sie niemals ohne einen Gesellen ihres Ordens, allezeit sittsam und ernsthaft erscheinen? daß sie nicht still stehen, sich mit jungen Fräulein oder Frauen zu unterhalten? daß sie die offentlichen Spielhäuser nicht besuchen? daß sie nicht auf den Caffeebänken sitzen? daß sie nicht von den Fenstern auf die Gassen herab oder in die Häuser hinüber lachen? daß sie ihr geistliches Kleid nicht mit weltlichen Eitelkeiten lächerlich machen? daß sie nicht mit gekrauseten Haaren prangen, wie das Frauenzimmer? oder daß sie nicht geschliffen auftreten, wie ein Tanzmeister? Wenn E. E. dieses verstehen, gebe ich Ihnen zur Antwort: O glückseliger äußerlicher Schein! Ich versichere Sie, dieser Schein bringet der Kirche GOttes mehr Nutzen, als das wesentliche bey ihres gleichen, welches die Welt mit Verwunderung und Aergernissen anstecket: der Schein der Jesuiten hingegen erfüllet sie mit Erbauung und guten Beyspielen. Der gute Pater ließ mich nicht weiter fortfahren, sondern beurlaubte sich kurz, und gieng seines Weges.

Aus dieser Begebenheit habe ich ersehen, daß unter den abgeneigten, welche die preiswürdigste Gesellschaft JESU in einen übeln Ruf zu bringen suchen, sich freylich auch Ordensgeistliche befinden. Man muß aber hiebey bemerken, liebster Marggraf, daß es nur jene sehr wenige sind, welche die Grundsuppe und Hefen eines solchen Standes ausmachen: denn, wie Sie sich selbst vorstellen werden, dieß sind aus allen die ausgelassensten, welche die geistliche Zucht am wenigsten beobachten, und um keine Furcht GOttes wissen. Zu dem bin ich bey mir überzeuget, daß die Obern des Ordens, wenn sie darum wüßten, solche Uebertreter scharf bestrafen würden, damit nicht auch sie durch eine stille Erlaubniß sich einer so schandvollen und unersetzlichen Sünde theilhaftig machten. Im übrigen, daß unter den misgünstigen auch einige Ordensgeistliche mit einlaufen, ist nicht zu zweifeln. Wenn Sie, liebster Freund, sich die Mühe geben wollen, in dem *Apparatu Possevini* den Titel Gesellschaft JESU aufzuschlagen: werden Sie finden, daß König Heinrich IV, da er die Gesellschaft in Frankreich zurück berufen, unter andern herrlichen Lobsprüchen auch dieses angeführet, er hätte beobachtet, daß alle ihr übel gewogene in zwo Classen gehöreten, der Irrgläubigen, und der schlimmen Geistlichen. Und der gottselige Kaiser Ferdinand II, nachdem er in seiner letzten Willensverfassung diesen Orden seinen Nachfolgern eifrig empfohlen, als einen Ursprung so vieles Guten, nicht nur in seinen Staaten, sondern auch in der ganzen catholischen Welt; bittet er hernach, sie wider boshafte Weltliche und Geistliche zu beschirmen, und ihren Verfolgungen zu entziehen. Man kann dieses bey Lamormaini am 25 Capitel lesen.

Es ist weder ungewiß, noch neu, daß auch vereitelte Ordensgeistliche sich gebrauchen lassen, diese ehrwürdige Gemeinde zu bestürmen. Was mir am meisten misfällt, ist, daß die Gesellschaft keine Hoffnung schöpfen darf, sich davon zu befreyen. Denn, gleichwie ein jeder Orden allezeit seine laue und bresthafte haben wird, also werden diese allezeit wider die gute Aufführung der Jesuiten etwas zu bellen haben. Wie es auch in der Welt zugeht, wo die Guten ohne Unterlaß von den Bösen verfolget werden, weil sie durch ihren Lebenswandel derselben Laster gar zu lebhaft beschämen.

Von so beschwerlichen und beständigen Plagen sie los zu machen, wäre nur ein Mittel, welches aber unmöglich ist. Die Jesuiten müßten ihre geistliche Zucht ablegen, und jenen ausgelassenen gleich werden, welche die Misgeburten und das Auskehricht ihrer Orden sind: sie müßten auch den Mantel auf hofmännisch tragen, einen piemontesischen Hut unter den Arm nehmen,

der Schmähſchriften wider die Jeſuiten ſeyn.

men, ſich ein ſtutzeriſches Toupee wachſen laſſen, mit geſetzten Füſſen dem Frauenzimmer aufwarten, in den gemeinen Häuſern die Lotteriezettel austheilen, Träume auslegen, die Cabala lehren, halbe Tage lang bey dem Caffee ſitzen, und ſich auf das ſchöne Handwerk legen frühe und ſpat nichts zu thun. O wie wackere Männer würden alsdann in den Augen eben dieſer die Jeſuiten ſeyn! O! würden ſie rufen, O wie unpartheyiſch haben die Jeſuiten nun urtheilen gelernet! das ſind Leute, welche wahrhaftig in der Welt zu leben wiſſen! Und mit dem hätte alles Reden und Schreiben ſeine Endſchaft.

Es iſt mir leid, geliebteſter Marggraf, daß ich von meinen Geſchäften gezwungen werde, die Segel einzuziehen, und mich nach dem Ufer umzuſehen: ich hätte ſonſt noch hübſche Neuigkeiten zu erzählen gewußt, und ſo bald nicht aufgehöret. Was für ein Schluß flieſſet nun aus allem, was ich geſchrieben? Dieſer, daß die Verfaſſer ſolcher Lügenbücher wider die Jeſuiten keineswegs ſind, oder auch ſeyn können, weder ehrliche, noch geſcheide, oder gottsfürchtige Männer. Dieſes iſt ſo gewiß, als wahr unſer heiliger Glaub iſt: welchen dieſe Menſchen, wie wir geſehen, ſchnurgerad entgegen geſetzet ſind. Sie mögen alſo aus den Weltlichen, Weltprieſtern, oder Ordensgeiſtlichen ſeyn: ſo ſind es jene aus ihnen, welche weder auf GOtt und ihre Seelen, noch auf das Geſetz oder die Ewigkeit einige Acht haben. Es ſind jene, welche ein Gewerb und gleichſam einen Beruf daraus machen, ihren Nächſten durchzuhecheln, zu zerbeißen, und zu zerreißen, und ihn durch Verkündigung ſeiner Schwachheiten lächerlich und verächtlich zu machen. Es ſind endlich jene, welche mit den Glaubensgegnern eine genaue Freundſchaft pflegen, und ihre Bücher oft und mit Wohlgefallen leſen, weil ſie der verderbten Gewohnheit ſolcher Leſer günſtig ſind. Und dieſes iſt unlaugbar: ſintemal, was ſie immer von vergangenen Dingen wider die Jeſuiten geſchrieben, ſchon ſeit langer Zeit von den Glaubensfeinden gedruckt, und von Rom verbothen war: daher ſie auch nicht anders, als ihre Nachtreter anzuſehen ſind. Es iſt genug geſagt, wenn ich melde, daß ſie ſo gar die verſchimmelten Sendſchreiben des Palafox wieder hervor gezogen, welche doch ſo wohl durch einen Befehl des königlichen Raths, als von der heiligen Inquiſition in Spanien verbothen, und auf königliche Verordnung durch des Henkers Hand verbrannt worden.

Es dienet hier nicht zu ihrer Entſchuldigung, daß die von ihnen beygebrachten Sachen offentlich und bekannt ſind. Denn erſtens antworte ich

III Theil. Anhang. Wer die Verfasser

ich, daß sie viel alte schon längst in Vergessenheit gelegene Nachrichten aufs neue ausgraben, und ans Licht stellen, und zwar mit Beyhülfe unsrer Glaubensgegner, von welchen sie die Bücher entlehnen, worinnen diese Alterthümer verzeichnet, und mit ihrer wider die Catholischen gewöhnlichen Beredsamkeit vergrößeret sind. Zweytens erzählen sie auch neue Begebenheiten, welche zwar offenbar, jedoch dem gemeinen Pöbel unbekannt sind; oder wenigst von ihnen mit neuen Umständen heraus gekleidet, und also unter das Volk, sonderbar unter die Weibsbilder gebracht werden: wie ich dann gewisse Klosterfrauen kenne, bey welchen die Bücher von Lugano über Tisch gelesen worden, aber die guten Mütter aufs höchste geärgeret haben, da sie, wie sie selbsten bekannt, solche Gottlosigkeiten gehört, dergleichen ihnen bis dahin niemals zu Ohren gekommen waren. Drittens erzählen sie eine große Menge Sachen, welche nicht nur unbekannt, sondern frisch erdichtet, oder doch mit erfundenen Beysätzen in neue verwandelt sind. Einem jeden aus ihnen kann man jenes französische Sprichwort anmessen: Du lügst ärger, als ein Jansenist. Nun mache ich eine zweyständige Schlußrede, welcher nicht zu entrinnen seyn wird. Entweder ist wahr, was sie den Jesuiten vorwerfen, oder ist es falsch? Ist es wahr, ja auch bekannt, so wird doch allemal durch solche Bitterkeit die Liebe verletzet. Ist es falsch, so kann man noch weniger davon sprechen: weil eine solche Ehrabschneidung die Liebe und Gerechtigkeit zugleich beleidiget. Auf welcher Seite man also ihr Verfahren nimmt, ist es allezeit unbillig, und niemals christlich; kann auch von niemanden entschuldiget werden, außer von sinnlosen, oder verteufelten Leuten. Ueber dem, liebster Freund, kann ich Ihnen unmöglich genug beschreiben die Größe des Schaden, welchen diese verfluchte Schmachblätter der Christenheit bringen. Ich will nur sagen, daß man hier in Rom schon mit Händen greifet, wie großes Uebel daraus entstanden. Dieser spricht frey und unverholen, er glaube nimmermehr, weder einem Weltpriester, noch einem Ordensgeistlichen. Jener glaubt, das Ehrabschneiden müsse keine Sünde mehr seyn, sondern eine Gewohnheit. Einige besuchen kein Gotteshaus mehr: und sehr viel sind in der Andacht gänzlich erkaltet. Wie wir innerlich in dem Glauben bestellet sind, weiß der liebe GOtt allein. O liebster Freund! was werden diese abscheuliche Schriften ferner bey den Protestanten wirken? wie werden sie hinterrucks unser spotten? wie viel neue Bücher wider uns schreiben? Und wer wird es büßen müssen? der Glaub.

Was

der Schmähschriften wider die Jesuiten seyn.

Was soll nun von solchen Leuten, von Feinden der offentlichen und geheimen Ruhe, eine gescheide und ehrliche Welt halten oder glauben? Nichts. Es ist gewiß, und laugne ich es nicht, daß diese Verläumder großes Getös gemacht, und bey Leuten von einer schwachen Einsicht jenen sehr hohen Ruhm, den die Gesellschaft hatte, wie mit einem Nebel bedecket. Allein dieser Nebel, gleichwie er nur aus garstigen eckelhaften Pfützen aufgestiegen, also fanget er schon an sich wieder zu zertheilen: die unveränderliche Gelassenheit dieser guten Ordensgeistlichen, und das jederzeit verehrenswürdige Ansehen der hohen Häupter der catholischen Welt, als wahrer Sonnen der Billigkeit und Gerechtigkeit, werden diese hochschätzbare Gesellschaft, und vielleicht bald, aus ihrer Verdunkelung in das vorige Licht setzen.

Sie genießet das Glück, daß der neue Monarch von Spanien sie mit gewöhnlicher Liebe ansieht, und von dem Gedanken sie zu unterdrucken, wie vielleicht etliche misgünstige wünschten, so weit entfernt ist, daß er hingegen für den ersten Lehrmeister seines erstgebohrnen Infanten vor allen andern einen würdigen Pater Jesuiten aus Böhmen erwählet. Seine Majestät der König in Frankreich haben vergangenes Monat einer aus ihren Prinzeßinnen einen Jesuiten als Beichtvater vorgestellet, welchen dieselbe auch sehr gern angenommen. In Deutschland, in Pohlen, und andern Landschaften, wo die Jesuiten Beichtväter an den königlichen und fürstlichen Höfen gewesen, bekleiden sie diese Stellen noch, und sind von keiner Fürstenperson veränderet worden. Zu dem, muß ich Ihnen noch mittheilen, liebster Marggraf, daß mir ein Freund aus Trient mit gestriger Post die Abschrift eines neu ausgerufenen Befehls überschicket, kraft dessen Ihro Kayserliche Königliche Majestät Maria Theresia in allen ihren Staaten alle Bücher und Schriften, so dem guten Namen der Gesellschaft zuwider sind, zu drucken verbiethet; um, wie der Befehl selbst meldet, alle Unruhe bey Höchstderselben Unterthanen zu verhindern, und guten Gemüthern keinen Anlaß zu ungleichen Meynungen und unrichtigen Urtheilen zu geben.

Noch was schönes habe ich anzubringen. Ein gewisser Buchführer hat vor einigen Wochen einem andern Buchhändler seinem Mitgenossen zwey hundert Exemplare von der *Tuba Maxima*, oder sogenannten Großen Trompete, wider die Jesuiten nach Livorno geschicket, selbe zu verkaufen. Als es die Regierung zu Florenz erfahren, hat sie den Buchhändler von Livorno alsbald vor sich berufen, und ihm aufgetragen, die schon verkauften Bücher zurück zu nehmen, und unter schweresten Strafen alle zweyhundert ungesaumt aus dem Florentinischen wegzuschaffen.

Sie inzwischen, mein Marggraf, belieben selbst in eine Ordnung zu richten, was ich hier mit guter Meynung niedergeschrieben. Ob es gleich wenig ist, bedunket es mich doch auf ihre Frage genug zu seyn, und hinlänglich darzuthun, daß alle diese Blätter am Ende zu nichts andern dienen werden, als daß ihren Verfassern eine ewige Schande daraus entstehen wird, und sie dadurch vor GOtt und den Menschen verdammlich erscheinen werden. Sehen Sie meine Meynung.

Wenn ich es etwas lang gemacht habe, müssen Sie mir verzeihen: wäre ich nicht so sehr mit Geschäften beladen, so versichre ich, ich hätte zweymal so viel geschrieben: denn ich habe gar zu viel auf dem Herzen, welches immer heraus will. Daß ich mich aber einer so niedrigen und kaum städtischen Schreibart bedienet, entschuldiget theils die Kürze der Zeit, theils die Absicht, damit es auch ihre Klosterfrauen wohl verstehen: welche ich in meinem Namen zu grüßen und zu versichern bitte, daß ich ihre kostbare Süßigkeiten wirklich auf der Zunge fühle. So können diese guten Seelen desto besser erleuchtet werden, wenn etwa ein Schwindelhirn ihnen den Kopf verrenket hätte, wie einigen ihres Standes hier zu Rom, welche ich doch wiederum zurecht gebracht habe. Ich danke Ihnen, daß Sie mir die Gelegenheit gegeben, von dieser Gesellschaft etwas gutes zu schreiben, von welcher so viel andre übel schreiben. Machen Sie, mein Freund, mit dieser Schrift, was Ihnen belieben wird. Ich sehe schon zum voraus, daß die Widersacher, wenn ihnen dieser Brief unter die Augen kommt, ihrer löblichen Gewohnheit nach ihm mit Grobheiten begegnen werden, als welche ihre stärkesten Ursachen sind. Liebster Herr Marggraf, erretten Sie ihn, so gut Sie können: lieben Sie mich: befehlen Sie mit mir: und vergessen Sie ja niemals, daß ich der ihrige bin. Rom, den 19 März, 1760.

Register.

Erster Theil.

I Brief wider die Anmerkungen über die Bittschrift des P Generals der Jesuiten. Wird erwiesen, daß der Verfasser dieser Anmerkungen ein boshafter Mann sey. Bl. 1.
II Brief. Wird erwiesen, daß er ein vermessener Mann sey. 29.
III Brief. Wird erwiesen, daß er ein Erzverleumder sey. 41.

Zweyter Theil.

I Brief wider den Anhang der Anmerkungen. Untersuchung seiner Anklagen wider die Glaubenslehren der Jesuiten. 3.
II Brief Untersuchung der Anklagen wider die Sittenlehren der Jesuiten. 35.
III Brief. Untersuchung der Anklagen wider ihren Ungehorsam gegen die päpstlichen Verordnungen. 65.

Dritter Theil.

Brief eines Cavaliers aus Spanien. 3.
I Beylage. Urtheil des königlichen Raths. 5.
II Beylage. Urtheil der heiligen Inquisition. 13.
III Beylage. Erklärung der Königlichen Majestäten für die Jesuiten. 18.
IV Beylage. Brief des P. Chamillard aus Paris. 21.
V Beylage. Brief eines Geistlichen von Marsilien. 27.
VI Beylage. Brief aus Madrid. 38.

Anhang.

Brief eines Römers, wer die Verfasser der Schmähschriften wider die Gesellschaft JESU seyn. 41.